• • •

모든 국민은 인간으로서의
존엄과 가치를 가지며,
행복을 추구할 권리를 가진다.

이해력이 쑥쑥
교과서

사회·경제 용어
100

사회탐구 점프 2

초등 교과서 연계 도서
교과서와 연계된 사회·경제 이야기 100편 수록

이해력이 교과서 쑥쑥

사회·경제 용어 100

글 조시영 | 그림 이경국

아주 좋은 날

사회·경제 용어, 자주 보면 쉬워진다!

부모님과 함께 뉴스를 볼 때마다 자꾸 모르는 사회·경제 용어들이 튀어나온 다고? 부모님이 설명을 해 주시지만 수학이나 과학처럼 딱 떨어지는 정답이 없어 답답하다고?

그렇다고 너무 걱정하지 마. 어려운 사회·경제 용어를 완벽히 이해하기 어려 운 건 당연한 거야. 어른들도 매일 새로운 용어를 배우며 어렵다고 느끼는 때 가 있는걸.

사회 현상은 사람들이 모여 마을을 이루고, 나라가 생기면서 나타나지. 우리 나라처럼 인구가 많은 나라일수록 사회 현상은 복잡할 수밖에 없어. 민주주의 국가의 시민으로 제 몫을 하려면 다양한 사회 현상에 관심을 갖고, 합리적인 토론을 통해 문제를 해결하려는 자세가 필요해. 그러려면 무엇보다 기본적인 사회 용어를 이해하는 게 중요하지.

개인과 기업이 돈을 주고받으며 자유롭게 물건을 사고파는 자본주의 사회에서는 경제가 어떻게 돌아가는지 아는 것 역시 매우 중요해. 경제를 이해하면 어른이 되어 직업 선택을 할 때도 도움이 된단다.

가나다순으로 된 이 책은 그때그때 모르는 단어를 찾아보기 쉽도록 만들어졌어. '무슨 뜻일까?'에서 사회·경제 용어의 본래 뜻을 알려 주고, '이렇게 쓰는 말이야!'에서는 실제 생활에서 그 용어가 어떻게 쓰이는지 보여 주고 있어. 사회·경제적인 문제는 사람마다 관점이 다를 수도 있어. '생각해 봐요!'에서는 너희 스스로 생각할 거리를 정리했어. 생각을 정리하기 힘들 때는 인터넷에서 다른 사람의 의견을 찾아보는 것도 좋은 방법이야.

이 책을 다 보고 나면 뉴스를 보기가 훨씬 쉬워질 거야. 또 부모님이나 친구들과 더 깊이 있는 토론도 할 수 있을 거야. 자, 천천히 한걸음씩 시작해 볼까?

차례

가계와 기업

무슨 뜻일까?

가계(집 가 家, 계획할 계 計)는 집안 살림의 수입과 지출의 상태를 뜻하지. 다시 말해 우리 집안 살림에 얼마가 들어오고 얼마나 썼는지를 말해 주는 거야. 기업(꾀할 기 企, 사업 업 業)은 이윤을 얻기 위해 물건이나 아이디어, 디자인 같은 콘텐츠를 만들어 팔거나 서비스를 제공하는 조직을 뜻해.

이렇게 쓰이는 말이야!

가계와 기업은 모두 합리적인 선택을 통해 어떤 활동을 할 것인지 결정하는데, 가계는 소득의 범위 안에서 적은 비용으로 가장 큰 만족을 얻도록 돈을 지출한단다. 같은 가격이라면 더 다양한 기능이 있는 텔레비전을, 같은 기능이 있다면 더 싼 텔레비전을 사는 게 합리적 선택이겠지.

참고 5. 경제 성장, 6. 경제적 양극화, 7. 경제 활동, 52. 시장

가치 소비란?

우리가 신는 신발과 입는 옷 대부분이 경제적으로 가난한 나라에서 만들어진다는 사실, 알고 있지? 십여 년 전, 한 유명 브랜드에서 만든 신발이 어린이에게 적은 인건비를 주고 만들어졌다는 사실이 알려지면서 전 세계적으로 불매 운동이 벌어진 적이 있어.

이후 몇몇 소비자들은 정당한 인건비를 주거나, 환경을 보호하고 자원을 아끼거나, 물건을 팔아 가난한 사람들을 돕는 회사의 제품을 구입하기 시작했어. 이처럼 자신이 추구하는 가치를 지키면서 합리적으로 소비하는 것을 '가치 소비'라고 해.

간척지

무슨 뜻일까?

바다나 호수의 일부를 둑으로 막고, 그 자리를 흙으로 메꿔 육지로 만드는 것을 간척(방패 간 干, 넓힐 척 拓)이라고 하는데, 간척을 통해 생긴 새로운 땅을 간척지라고 불러.

이렇게 쓰이는 말이야!

한반도에서 처음으로 간척을 한 기록은 고려 시대로 거슬러 올라가. 고려 고종 22년(1235년)에 몽골족의 침입을 피해 강화도로 수도를 옮긴 후 방어할 목적으로 둑을 쌓은 게 우리 역사의 첫 간척이었어. 고려 고종 35년(1248년)에는 지금의 청천강 하류 갈대 섬에 둑을 쌓아 농지를 만들었다는 기록도 있어. 이후 조선 시대, 일제 강점기에도 농지조성을 위한 간척이 끊이지 않았어. 1970년대 이후 산업 개발 시대로 접어들며 전국 곳곳에 간척지가 생겼는데, 간척지에 만들어진 대표적인 건축물이 인천 국제공항이야. 1991년 시작된 새만금 간척 사업은 우리나라 최대 규모의 간척 사업이었어.

참고 53. 신도시

간척 사업과 환경 파괴

농사지을 땅과 신도시를 건설할 땅이 많이 필요했던 과거에는 간척 사업에 대한 비판이 별로 없었어. 하지만 쌀 생산이 수요보다 많아지고 인구 증가도 더딘 요즘은 '간척 사업의 효용이 낮고, 오히려 환경을 파괴한다'는 비판의 목소리가 높아지고 있어.

우리나라 대부분의 간척 사업은 갯벌이 끝없이 펼쳐진 서해안에서 진행됐어. 과거에는 갯벌을 쓸모없는 땅으로 여겼지만 최근에는 과학의 발달로 갯벌에 아주 다양한 생물이 살고, 이 생물들이 사람이 버린 유해 물질을 깨끗하게 정화하는 역할도 한다는 게 입증됐어.

강수량

무슨 뜻일까?

강수량(내릴 강 降, 물 수 水, 헤아릴 량 量)은 어떤 곳에 일정 기간 동안 내린 비, 눈, 우박, 안개 등의 총량을 뜻해. 비가 내린 양은 강우량(降雨量, 가운데는 비 우 雨)이라고 해. 또 눈이 내릴 때는 강설량(降雪量, 가운데는 눈 설 雪)이라고 표현하지.

이렇게 쓰이는 말이야!

우리나라 각 지역에서 한 해 동안 내린 비의 평균치를 뜻하는 연평균 강수량은 1,300㎜ 정도야. 세계 평균이 880㎜인 것에 비하면 많은 편이지.

우리나라는 청주, 대구 등 내륙 지역보다 강릉, 제주 등 해안 지역 강수량이 더 많아. 또 대체로 평양, 신의주 등 북부 지방은 강수량이 적고 서울, 대전 등 남부 지방은 강수량이 많지. 특히 여름에는 장마와 태풍이 오기 때문에 다른 계절에 비해 강수량이 많아. 때론 시간당 수십 밀리미터의 비가 내리는 집중 호우가 발생해서 도로와 건물이 물에 잠기는 피해가 생기곤 하지.

참고 20. 기상 특보, 21. 기후, 100. 황사

저수지와 보

대부분의 국민이 농사를 지어 살던 과거에는 물을 잘 관리하는 게 중요했어. 특히 농사를 시작하는 봄에 가뭄이 들면 큰일이었지. 때문에 물을 모아 두기 위해 하천이나 골짜기에 둑을 쌓아 큰 연못을 만들었어. 이것을 저수지라고 불러. 또 하천에 비교적 낮은 둑을 만들어 물을 가두는 역할을 하는 보(洑)도 곳곳에 만들었어.

충북 제천에 있는 의림지 같은 저수지는 1500년 이상 된 것으로 알려져 있지. 그만큼 저수지와 보는 우리 민족의 삶과 밀접했어.

최근에는 한강, 금강, 영산강, 낙동강 등 4대강에 쌓은 보를 두고 논란이 일었어. 자연적으로 흐르던 물을 가뒀기 때문에 수질이 나빠졌다는 주장과, 수질이 악화되지 않았고 오히려 가뭄 대비에 효율적이라는 주장이 팽팽히 맞서고 있지.

개인 정보

무슨 뜻일까?

개인의 신체, 재산, 지위, 신분 등을 아우르는 모든 정보를 뜻해. 신체와 관련된 정보로는 키, 몸무게, 장애, 질병 등이 있지. 재산과 관련된 정보는 소득, 카드 사용 내역 등이 있어. 사회적 지위 정보는 학력, 직장 경력 등을 들 수 있지. 신분을 알 수 있는 중요한 정보로는 주민 등록 번호, 지문 등이 있어.

이렇게 쓰이는 말이야!

2014년 신용 카드 회사들이 수많은 사람들의 주민 등록 번호, 카드 사용 내역 등 개인 정보를 유출한 사고가 있었어. 주민 등록 번호는 인터넷에 가입할 때 사용되지. 유출된 개인 정보를 이용해 이메일 주소를 만들어 이메일 주인의 친구에게 메일을 보내 돈을 뺏는 사기를 시도한 사건이 일어난 뒤 개인 정보를 보다 엄격하게 보호하는 법들이 만들어졌어.

참고 19. 기본권, 69. 인권, 70. 인종 차별, 90. 차별과 편견

개인 정보와 빅 데이터

우리 국민 오천만 명이 어느 병원에서 어떤 치료를 받았다는 정보를 정부가 갖고 있어. 이런 정보를 모두 모은다면 매우 훌륭한 큰 정보(빅 데이터)가 될 수 있어. 예를 들어 제주도에 사는 어린이들이 다른 지역 어린이보다 잘 걸리는 질병이 있다면, 빅 데이터를 활용해 그 원인을 쉽게 찾을 수 있겠지. 이를 위해 정부에서는 빅 데이터를 만들어 병원 등에 제공할 예정이야.

5. 경제 성장

무슨 뜻일까?

경제 성장이란 한 나라의 경제 능력이 커지면서 국민 소득이나 국내 총생산이 계속해서 늘어나는 것을 뜻해. 한 나라의 국민이 일정 기간 동안 새로 만들어 낸 모든 재화(재물)와 서비스의 가치가 늘어난 것을 측정해 표현하지. '작년 한 해 GDP(국내 총생산) 성장률이 몇 퍼센트 성장했다'는 식으로 설명한단다.

이렇게 쓰이는 말이야!

우리는 1962년에 경제 개발 5개년 계획을 세우고, 자원과 기술이 부족한 대신 노동력이 풍부했기에 섬유, 신발, 의류 같은 경공업 제품을 만들어 해외로 수출해 경제 성장을 이뤘어. 또 제품을 생산하고 수출하기 쉽도록 고속 도로, 항만, 발전소 등 기반 시설을 건설했어. 이후 1970~80년대에는 철강, 석유 화학, 조선 등 기술이 필요한 중화학 공업을 집중적으로, 1990년대부터는 전자, 통신과 같은 첨단 산업을 키워 높은 경제 성장률을 기록했어.

참고 6. 경제적 양극화, 7. 경제 활동, 45. 산업, 82. 중화학 공업

생각해 봐요!

앞으로 어떤 산업이 발달할까?

2000년대 이후 우리나라에서는 생명 공학, 의료 서비스, 문화 콘텐츠 산업이 발달하기 시작했어. 흔히 '바이오'라고 불리는 생명 공학은 선진국들의 고령화 현상 때문에 시장이 점점 커질 것으로 보여. 평균 연령이 높아질수록 아픈 사람이 많아지고, 이를 치료할 수 있는 바이오 산업의 성장 가능성은 높을 수밖에 없지. 건강 검진, 피부 미용 등 의료 서비스 산업도 같은 이유로 급성장할 것으로 보여.

한류(한나라 한 韓, 흐를 류 流)라는 말 들어 봤지? 이제 전 세계에서 한국의 음악, 드라마, 예능 콘텐츠를 즐기고 있어. 이를 바탕으로 다양한 상품과 서비스를 판매하는 산업이 점점 커질 것으로 전망돼.

6. 경제적 양극화

무슨 뜻일까?

경제 상황이 좋은 사람은 돈을 더욱 많이 벌고, 경제 사정이 나쁜 사람은 더 가난해지는 현상을 경제적 양극화라고 해.

이렇게 쓰이는 말이야!

옛날에는 교육을 많이 받으면 좋은 직장을 갖기가 쉬웠어. 힘든 상황을 극복하고 성공한다는 '개천에서 용난다'는 속담이 있을 정도였으니까. 부유한 가정에선 좋은 학원을 다닐 수 있고, 외국에 가서 그 나라말을 쉽게 배우고 좋은 대학을 졸업해 월급을 많이 주는 직장에 취직할 기회가 많아졌지. 반면에 가난한 가정에선 교육의 기회가 적어서 많은 월급을 주는 직장에 갈 확률이 줄어들 수 있어. 경제적 양극화 현상이라고 할 수 있지.

참고 1. 가계와 기업, 5. 경제 성장, 6. 경제적 양극화, 7. 경제 활동

국가가 어느 정도까지 도와야 할까?

오늘날 우리나라의 경제 상황은 과거보다 크게 좋아졌지만 잘사는 사람과 가난한 사람의 빈부 격차가 커졌어. 경제적 양극화가 점점 진행되면 사회적 갈등이 발생하고, 소비를 많이 할 가계의 수가 적어져서 경제 성장에도 나쁜 영향을 미친단다.

따라서 대개의 국가들은 국민이 낸 세금으로 소득 수준이 일정 수준 이하인 사람들에게 의료비, 생계비, 교육비 등을 지원해.

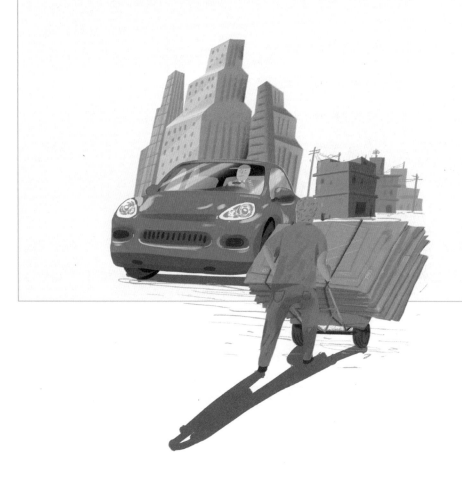

경제 활동

무슨 뜻일까?

사람들이 살아가는 데 필요한 재물이나 편리함을 주는 서비스(=용역)를 생산하고, 나누고, 소비하는 모든 활동을 경제 활동이라고 해.

이렇게 쓰이는 말이야!

가계와 기업의 경제 활동은 밀접하게 연결돼 있어. 여러 사람이 사는 가계는 기업에서 일하면서 생산 활동에 참여한 대가로 소득을 얻지. 기업은 개인이 제공한 노동력으로 물건, 서비스를 생산해 시장에 공급하고.

가계는 시장에서 생활에 필요한 물건과 서비스를 산단다. 기업은 가계가 물건과 서비스를 살 때 준 돈으로 이윤을 얻게 되고 일자리를 더 많이 만드는 한편, 일을 한 사람에게 급여를 나누어 주는 분배 활동을 해.

참고 1. 가계와 기업, 5. 경제 성장, 6. 경제적 양극화, 7. 경제 활동, 52. 시장

기업은 왜 경제 활동을 할까?

기업은 물건이나 서비스를 생산하고 판매한 대가로 돈을 받는데, 이를 수입이라고 해. 물건이나 서비스를 생산하기 위해서는 필요한 것들을 구입해야 하는데, 이때 나가는 돈을 비용이라고 한단다. 수입에서 비용을 빼면 이윤이 되겠지? 기업의 가장 중요한 목적은 이윤을 최대한 많이 남기는 거야.

이윤을 많이 남겨야만 기업은 더 좋은 제품을 더 많이 생산하고, 연구개발을 위해 더 많은 인력을 고용할 수 있어. 기업이 잘 돼야 일자리가 늘어난다는 뜻이지.

공공 기관

무슨 뜻일까?

개인의 이익이 아닌 주민 전체의 이익과 생활의 편의를 위해 국가가 만들고 관리하는 기관을 공공 기관이라고 해.

이렇게 쓰이는 말이야!

지역의 대표적인 공공 기관으로는 도청, 시청, 주민 센터, 교육청, 보건소, 소방서, 경찰서, 우체국, 도서관, 박물관 등이 있어. 도청이나 시청에서는 지역 발전을 위한 개발 계획을 세우고 실천하며 산업 발전을 지원하는 한편, 주민이 편하게 살 수 있도록 도로, 주택, 상하수도 등을 건설해. 주민 센터에서는 주민 등록증 등 여러 종류의 증명 서류를 발급하거나 어르신과 장애인의 생활을 돕지. 보건소에서는 예방 접종을 해 주고, 감염병과 질병을 예방하고 치료해 준단다. 교육청에서는 학교를 짓거나 고치는 것을 지원하고, 학생들을 어떻게 가르치는지 등을 연구해.

참고 43. 사회 보장 제도, 59. 예산, 78. 정부, 81. 중심지

공공 기관이 사라진다면?

　공공 기관은 주민 전체를 위한 일이면서 개인이 하기 힘든 일을 하는 기관이야. 만약 공공 기관이 사라지거나 제 기능을 못한다면 어떤 일이 벌어질지 상상해 볼까? 예를 들어 소방관이 없다면 아파트에 불이 났을 때 주민들이 모두 달려가 불을 꺼야 하는데 어떤 사람들은 자신이 다치기 싫어서, 어떤 사람들은 불을 끄는 연습을 해 본 적이 없어서 불을 끄러 가지 않을 거야. 피해는 고스란히 아파트 주민 모두의 몫이 될 테고. 주민 전체가 낸 세금으로 공공 기관을 유지하는 까닭도 공공 기관이 '모두'를 위해 일하는 기관이기 때문이야.

공화국

무슨 뜻일까?

공화국(共和國, republic)이란, 나라를 이끄는 최고 지도자(대통령, 총리)를 국민의 투표로 선출하는 나라를 말해. 왕이 세습으로 권력을 물려받는 군주국에 반대되는 개념이지.

이렇게 쓰이는 말이야!

고대 그리스 아테네에서 공화제가 등장했다 사라진 이후 출신에 따라 사람을 왕, 귀족, 평민, 노예 등으로 나누는 차별적인 계급 사회가 있었어. 1700년대 말 미국과 프랑스에서 공화국이 처음 등장했어. 이들 공화국은 나라의 최고 권력, 즉 주권이 국민에 있다는 국민 주권과 함께 자유와 평등, 민주주의를 이념으로 삼았어. 현재 세계 대부분의 나라는 국민 주권, 자유 민주주의, 권력 분립 등을 적용한 민주 공화국이야. 대한민국도 헌법 제1조 제1항에서 "대한민국은 민주 공화국이다."라고 규정하고 있어. 그래서 대한민국의 공식 영어 이름은 'Republic of Korea'란다.

참고 33. 민주주의, 47. 삼권 분립, 98. 헌법, 99. 헌법 재판소

북한도 공화국이라고?

영국과 일본에는 핏줄에 따라 왕위를 계승하는 세습 군주가 있어. 하지만 영국과 일본의 왕은 실질적 권한이 없이 나라를 대표하는 상징적 인물이고, 실제 주권은 국민에게 있기 때문에 이들 나라 역시 공화국이야.

북한은 어떨까? 북한의 공식 국가 이름은 조선 민주주의 인민 공화국(Democratic People's Republic of Korea)이야. 이름만 들으면 민주적인것 같지만, 사실은 공산당 1당 독재 체제로 대부분의 권력을 위원장이 갖고 있어. 겉으로는 공화국이라고 내세우지만, 실제는 공화국이 아닌 국가인 셈이지.

교류

무슨 뜻일까?

교류(사귈 교 交, 흐를 류 流)는 여러 분야에서 이룩된 문화나 사상 등의 성과나 경험 등을 나라, 지역, 개인이 서로 주고받는 것을 말해. 한류의 일등공신인 한국 대중 가요, 즉 K-POP은 문화 교류의 대표적인 예라 할 수 있어.

이렇게 쓰이는 말이야!

교류의 형태는 다양해. 마트에서 러시아산 대게나 중국산 신발을 사는 것처럼 이웃 나라에서 생산된 물건을 수입해서 쓰고, 또 우리나라에서 만든 반도체 같은 물건을 이웃 나라에 수출하는 경제적 교류가 있어.

우리나라에서 미국 할리우드에서 만든 영화를 보고, 미국 젊은이들이 K-POP을 듣는 것은 문화 교류이고 또 중국인 학생이 우리나라 대학에 와서 공부하고, 우리나라 박사가 중국 박사와 함께 연구하는 건 학문 교류야.

참고 7. 경제 활동, 28. 무역, 29. 문화 다양성

교류를 해야 발전해요

19세기 말 조선은 이른바 '쇄국(자물쇠 쇄 鎖, 나라 국 國)' 정책을 썼어. 서양 사람들이 자주 조선을 찾았지만 이들과 교류할 생각은 하지 않고, 조선으로 들어오는 서양 사람을 모두 내쫓았지. 반대로 일본은 서양 사람들이 자유로이 드나들 수 있는 항구를 정해 서양 문물을 받아들였어. 일본은 증기선과 기차 등의 기술뿐 아니라 국제법 같은 서구 지식을 불과 30년 만에 모두 흡수했어. 일본이 빠른 속도로 성장한 것도 이러한 교류의 힘이야. 생각과 행동이 달라도 너그러이 받아들일 수 있는 열린 마음이 개인과 나라를 발전시킨다고 할 수 있어.

교통도

무슨 뜻일까?

도로, 철도, 항구, 공항 등을 나타낸 교통 지도를 뜻해. 교통도를 보면 그 나라의 교통망이 어떻게 발달해 있는지를 한눈에 볼 수 있어.

이렇게 쓰이는 말이야!

1980년대 우리나라의 교통도를 보면 고속 국도보다 철도가 더 발달했음을 알 수 있어. 예를 들어 경상북도, 충청북도, 강원도 남부의 산간 지역에는 고속 국도가 없고 철도만 지났단다. 하지만 이후 고속 도로가 곳곳에 많이 생겼어. 최근 교통도를 보면 고속 국도가 철도보다 훨씬 많이 발달해 전국을 그물망처럼 연결하고 있어. 또 공항의 숫자도 훨씬 많아졌어. 또 다른 변화는 고속 철도(KTX, SRT)가 생겼다는 거야. 1970년대에는 서울에서 부산까지 가는 데 자동차로 5시간이 넘게 걸렸는데 지금은 고속 철도를 타고 2시간 40분이면 갈 수 있다니 놀랍지 않아?

참고 12. 교통수단, 26. 도시 분포

반나절 생활권의 명과 암

1970년에 경부 고속 국도가 완공되면서 전 국토가 하루 생활권으로 연결됐어. 2004년에 경부 고속 철도가 개통되고서는 아침에 서울에서 출발해 부산에서 일을 보고, 그날 다시 서울로 돌아올 수 있는 열두 시간 생활권으로 단축되었지. 교통망이 발달하면서 생활은 편해졌지만 예상하지 못한 부작용도 생겼어. 예를 들어 고속 도로가 없던 시절에는 차로 지방 도로를 지나가던 사람들이 지방의 식당에도 들르고, 장터에도 갔어. 하지만 고속 도로가 놓이는 바람에 작은 도시를 지나가는 차들이 크게 줄며 작은 도시들이 쇠락해 갔어. 교통망의 발달이 대도시만 더욱 발전시키는 건 아닐까?

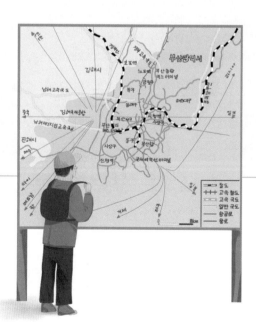

교통수단

무슨 뜻일까?

자전거, 오토바이, 자동차, 기차, 선박, 비행기처럼 사람과 물자를 쉽게 옮기도록 도와주는 수단을 뜻해. 옛날에는 걸어 다니거나 수레, 마차, 뗏목 등 동물과 자연의 힘을 이용한 교통수단을 주로 이용했지. 오늘날에는 기술 발달로 교통수단이 다양해져서 지역 및 나라 간의 교류가 활발해지고 우리 생활에도 많은 변화가 생겼어.

이렇게 쓰이는 말이야!

교통수단마다 장점과 단점이 있어. 예를 들어 버스는 도로를 달리기 때문에 노선을 다양하게 만들 수 있지만, 길이 막히면 교통 체증에 시달리지. 반면 지하철은 빠르고 정확하게 원하는 곳으로 갈 수 있지만, 정해진 노선을 벗어나지 못해. 선박은 많은 짐을 실을 수 있지만 느리고, 비행기는 빨리 갈 수 있지만 많은 짐을 싣지 못해. 따라서 큰 도시에는 다양한 교통수단이 등장할 수밖에 없어.

참고 11. 교통도, 73. 자율 주행 자동차

교통수단이 발달해서 나쁜 점도 있을까?

　빠르게 움직이고 한꺼번에 많은 짐을 실을 수 있는 교통수단이 발달하면서 우리 생활이 무척 편리해졌어. 1936년, 마라토너 손기정 선수는 베를린 올림픽에 참가하기 위해 서울역에서 출발해 열흘 넘게 기차를 타야 했어. 지금은 비행기를 타고 13시간이면 갈 수 있는데 말이지…….

　교통수단이 발달해서 좋은 점만 있는 건 아니야. 특히 석유 제품을 태워 엔진을 움직이는 자동차, 선박은 미세먼지를 배출해. 가까운 거리에 자동차를 이용하면 걷는 시간이 줄어 건강에 나쁜 영향을 주기도 한단다.

13.

국민의 의무

무슨 뜻일까?

어떤 행동을 꼭 해야 하는 것을 의무(옳을 의 義, 일 무 務)라고 해. 국민은 기본권을 갖는 동시에 반드시 해야 하는 의무도 있는 거란다.

이렇게 쓰이는 말이야!

대한민국 헌법은 1948년 제헌 헌법(첫 번째 헌법) 이후 지금까지 국민의 기본적 의무에 관한 규정을 두고 있어. 자녀가 잘 성장하도록 교육을 받게 할 교육의 의무(현재 헌법 31조 2항), 법률이 정하는 바에 따라 세금을 내야 할 납세의 의무(38조), 개인과 나라의 발전을 위해 일을 해야 할 근로의 의무(32조 2항), 국민 모두의 안전을 위해 나라를 지켜야 하는 국방의 의무(39조 1항)를 '국민의 4대 의무'라고 해. 이에 더해 1987년 개정된 현재의 헌법은 재산권 행사가 공공의 이익에 부합해야 한다는 재산권 행사 공공복리 적합 의무(23조 2항), 국민과 기업은 환경을 보전하기 위해 노력해야 한다는 환경 보전의 의무(35조 1항)도 제시하고 있어.

참고 17. 권리와 의무의 충돌, 19. 기본권, 69. 인권, 98. 헌법

국방 의무와 양심적 병역 거부

우리나라 헌법 19조는 '모든 국민은 양심의 자유를 가진다'라고 규정하고 있어. 또한 앞에서 이야기한 것처럼 헌법 제39조 1항은 '모든 국민은 법률이 정하는 바에 의하여 국방의 의무를 진다'라고 정하고 있지.

어떤 사람들은 자신이 믿는 종교가 '사람을 해칠 가능성이 있는 어떤 행위도 하지 말라'고 했다며 총을 만지는 훈련소 입영을 거부해. 과거 우리나라에서는 국방의 의무를 다하지 않는 이 같은 병역 거부자들을 재판을 통해 감옥으로 보냈어. 지금은 양심적 병역 거부자들이 총을 잡는 일 대신 다른 일을 할 수 있도록 하는 대체 복무제에 대한 논의가 활발해.

국제 갈등

무슨 뜻일까?

지구촌에는 종교 갈등, 지구 온난화, 물 부족, 전염병 등 수많은 문제가 있어. 이러한 문제들로 인해 나라와 나라 사이에 갈등이 생기는 것을 국제 갈등 또는 국제 분쟁이라고 해.

이렇게 쓰이는 말이야!

국제 갈등은 주로 영토, 종교, 자원 문제로 발생해. 이스라엘과 주변 아랍국 간의 갈등은 영토와 종교 갈등의 대표 사례야. 2차 세계 대전 이후 아랍인이 거주하던 팔레스타인 땅에 세계 각국에서 살던 유대인들이 돌아와서 이스라엘을 건국했어. 유대교를 믿는 이스라엘과 이슬람교를 믿는 주변 아랍 국가들은 영토와 종교 문제로 끊임없이 분쟁을 겪고 있어. 1948년부터 1973년 사이에는 네 차례의 전쟁을 치르기도 했지. 기후 변화로 인한 물 부족 때문에 국제 갈등이 일어나기도 해. 나일강 상류에 있는 에티오피아가 댐을 건설하자, 하류 지역 국가인 이집트가 크게 반발한 사건도 그런 사례이지.

참고 15. 국제 연합, 22. 난민, 23. 내전, 57. 영역, 64. 유럽 연합

국제 갈등을 해결하기 어려운 이유

 각 국가는 자국의 영역 안에서 일어나는 모든 일을 최종적으로 결정하는 권력, 즉 주권을 가지고 있어. 주권은 대내적으로는 최고의 절대적 힘을 가지고, 대외적으로는 자주적 독립성을 가진단다. 따라서 다른 나라가 한 나라의 결정에 대해 이래라저래라 하는 것은 주권 침해로 볼 수 있어. 따라서 국제 갈등을 해결하기 위해서는 갈등을 겪는 나라가 모여서 회의를 하거나, 국제 연합(UN) 같은 기구가 나서서 회의를 열도록 도와줘야 해. 하지만 국제 갈등 속에서 조금이라도 유리한 입장에 있는 나라들은 아예 회의를 여는 것 자체를 반대하고 있어.

15. 국제 연합(UN)

국제 연합(UN, United Nations)은 1945년 10월에 설립되었어. 지구촌의 평화 유지, 전쟁 방지, 국제 갈등 해소, 국제 협력 활동을 하는 단체이지. 우리나라와 북한을 비롯해 전 세계 190여 개의 나라가 가입되어 있어.

이렇게 쓰이는 말이야!

6천만 명이 넘는 사람들이 희생된 2차 세계 대전이 끝날 무렵, 세계 각국 지도자들은 인류가 왜 이토록 처참한 전쟁을 겪을 수밖에 없었는지 되돌아보고, 전쟁뿐 아니라 전 세계에서 일어나는 가난, 기후 변화, 전염병 등 다양한 문제를 서로 협력하여 해결하기 위해 국제 연합을 만들었어.

국제 연합에는 어려움에 처한 어린이를 돕는 유니세프(UNICEF), 교육·과학·문화 협력을 하는 유네스코(UNESCO), 전염병 감소를 위해 노력하는 세계 보건 기구(WHO) 등 다양한 전문 기구들이 있어.

참고 14. 국제 갈등, 22. 난민, 23. 내전, 57. 영역, 64. 유럽 연합

유엔 안전 보장 이사회

국제 연합 안에는 평화 유지와 전쟁 방지라는 가장 기본적인 기능을 수행하는 '유엔 안전 보장 이사회', 줄여서 '유엔 안보리'가 있어.

'대북 제재'라는 말 들어 봤지? 북한이 핵 실험을 하고, 대륙 간 탄도 미사일을 쏘자 유엔 안보리가 북한과 거래하는 다른 나라 기업들을 처벌하는 강력한 제재를 발표했어. 국제 연합 소속 국가는 모두 이를 따라야 하는 거지. 유엔 안보리는 모두 15개 국가로 구성되어 있는데, 2차 세계 대전 승전국인 미국, 영국, 프랑스, 중국, 러시아는 항상 회의에 참여하는 상임 이사국이고, 나머지 10개 이사국은 국제 연합 회원국이 번갈아 가면서 맡고 있어. 상임 이사국 가운데 한 나라만 반대해도 결정을 못하는 독특한 결정 방법을 갖고 있지.

국회
(입법부)

16.

무슨 뜻일까?

국민의 대표인 국회 의원이 나라의 중요한 일을 의논하고 결정하는 곳을 국회(나라 국 國, 모일 회 會)라고 해. 국회 의원은 4년마다 국민 전체가 참여하는 선거 '총선'을 통해 뽑혀.

이렇게 쓰이는 말이야!

국회에서 하는 일은 크게 세 가지야. 가장 중요한 일이 법을 만들고, 고치거나 없애는 일이야. 국회를 다른 말로 입법부(세울 입 立, 법 법 法, 관청 부 府)라고 부르는 까닭이기도 해. 또 정부에서 계획한 예산안(나라 살림을 어떻게 쓸지 계획한 것)을 살펴보고, 이미 사용한 예산이 잘 쓰였는지도 검토한단다. 예산 대부분이 국민이 낸 세금으로 마련되기 때문에 국민이 뽑은 대표가 모인 국회에서 이 같은 역할을 맡는 것이지. 국정 감사도 국회의 역할이야. 정부가 법에 따라 나랏일(국정)을 잘 하고 있는지 확인(감사)하고 잘못한 일이 있으면 바로잡도록 요구하는 일이지.

참고 32. 민주 선거의 기본 원칙, 33. 민주주의, 36. 법원, 47. 삼권 분립, 78. 정부

국회 의원이 지역 문제를 해결하는 게 옳을까?

국회 의원은 국민의 대표야. 모든 국민이 국가의 일을 결정하는 데 참여하기 어렵기 때문에 선거를 통해 국민의 대표를 뽑아 국가의 일을 하며, 지역 주민의 의견을 대변하도록 한 거야. 우리나라에서 국회 의원을 뽑는 방식은 크게 두 가지야. 지역을 기반으로 한 선거구에서 뽑히거나(지역구 국회 의원), 각 정당에서 추천받은 사람이 정당이 얻은 표의 수에 비례해서 선출(비례 대표 국회 의원)되는 방식이지. 일부 지역구 국회 의원은 자신의 지역구에서 '민원의 날'을 열어 지역의 문제를 해결한단다.

권리와 의무의 충돌

무슨 뜻일까?

헌법으로 보장되는 국민의 기본적 권리인 기본권과 국민이라면 누구나 해야 하는 의무가 서로 충돌하는 것을 말해.

이렇게 쓰이는 말이야!

예를 들어, ○○시는 멸종 위기종인 장수하늘소가 많이 발견된 △△산을 생태 보호 지역으로 지정할 계획이야. ○○시는 최근 △△산에 땅을 갖고 있는 김□□ 씨에게 "앞으로 땅에 건물을 지을 수 없다"고 통보했어. 김□□ 씨는 "헌법에는 가장 기본적인 권리로 행복을 추구할 권리와 함께 자유권을 보장하고 있다"며 "내 땅이니까 내 마음대로 개발할 권리가 있다"고 주장했지. 반면 ○○시는 "헌법에는 국민들에게 환경을 지켜야 할 의무도 부여하고 있다"며 "이 땅을 개발하면 환경이 파괴되므로, 환경을 보전할 의무를 지켜야 한다"고 반박했어. 개인의 재산을 자유롭게 사용할 권리와 환경 보전의 의무가 충돌한 거야.

참고 13. 국민의 의무, 19. 기본권, 98. 헌법, 99. 헌법 재판소

경유차와 환경 보전 의무

봄철마다 미세 먼지 문제가 심각해지고 있어. 마스크를 쓰고 학교에 가야 하는 날이 많아졌지. 미세 먼지를 줄이기 위해 정부도 여러 대책을 고민하고 있어. 미세 먼지가 많이 나오는 경유차 운행을 줄이는 방안도 그중 하나지. 그런데 휘발유에 비해 싼 경유 값을 올려 경유차 운행을 줄이자는 주장이 논란이 되고 있어. 트럭과 SUV 같은 경유차를 운전하는 사람들은 "어쩔 수 없이 차를 운행하는데, 왜 우리만 희생해야 하느냐"며 반발해. 경유차 운전자들의 손해를 줄이면서도 경유차 운행을 줄이는 방안에는 무엇이 있을까?

균형 발전

무슨 뜻일까?

균형 발전은 전국 각 지역이 골고루 발전할 수 있는 기회를 공평하게 제공하고, 지역 스스로 발전 할 수 있는 힘을 길러서 지역 주민의 삶의 질을 높이는 것을 뜻해.

이렇게 쓰이는 말이야!

우리나라 국민 가운데 절반이 넘는 사람들이 서울, 경기, 인천 등 수도권에 모여 살고 있어. 수도권은 늘 집이 부족하고, 교통이 지나치게 복잡하지. 따라서 쓰레기와 미세 먼지 같은 환경 오염도 심해. 이러한 문제를 해결하려고 아파트를 더 많이 짓고, 지하철을 연장하다 보니 사람들이 더 몰리고 있기도 하고. 반면 농어촌 지역은 일손이 없어서 공장에 사람이 부족하고, 병원 같은 편의 시설도 자연히 점점 없어지고 있어. 이 때문에 2000년대부터 전국을 균형 있게 발전하는 계획을 짜야 한다는 목소리가 높아졌어.

참고 26. 도시 분포, 51. 수도권, 53. 신도시, 67. 인구 분포, 86. 지역 문제

지방에 도로, 철도를 더 건설해야 하나?

균형 발전을 주장하는 사람들은 수도권과 대도시를 제외한 지역에 도로와 철도를 더 많이 건설해야 한다고 말해. 1970년 대한민국 최초의 고속 도로인 경부 고속 도로(서울-부산)가 개통된 이후 톨게이트가 있는 주변 지역이 모두 발전했다는 사실을 근거로 들고 있지. 하지만 더 이상 도로, 철도 같은 사회 기반 시설 건설로 지방이 발전하기 힘들다고 주장하는 사람들도 있어. 전국적으로 고령화가 점점 심해져서 병원 같은 편의 시설이 많은 대도시에 사람들이 몰려 살 수밖에 없다는 이론이야. 과연 앞으로는 균형 발전을 위해 무엇이 필요할까?

19.

기본권

무슨 뜻일까?

기본권은 헌법으로 보장되는 국민의 기본적인 권리야. 기본권의 종류에는 일반적인 기본권인 인간의 존엄과 가치 및 행복 추구권과 함께 개별적 기본권인 평등권, 자유권, 참정권, 청구권, 사회권 등이 있어.

이렇게 쓰이는 말이야!

대한민국 헌법 10조는 '모든 국민은 인간으로서의 존엄과 가치를 가지며, 행복을 추구할 권리를 가진다'라고 말하고 있어. 11조 1항에서는 '모든 국민은 법 앞에 평등하다'며 차별받지 않을 권리인 평등권을, 14조와 15조에서는 거주 이전의 자유와 직업 선택의 자유 등 자유권을 담고 있지. 24조와 25조에서는 모든 국민이 정치 의사에 참여할 수 있는 참정권과 공무 담임권(선거에 후보로 출마할 권리, 공무원에 임명될 수 있는 권리)을 말하고 있어. 31조와 35조는 교육받을 권리와 쾌적한 환경에서 생활할 권리 등 인간답게 살 수 있도록 국가에 요구할 수 있는 사회권을 말하고 있어.

참고 17. 권리와 의무의 충돌, 69. 인권, 70. 인종 차별, 90. 차별과 편견

기본권을 제한할 수 있을까?

중동에 여행을 갔다가 비행기 안에서 갑자기 고열이 난 김□□ 씨는 인천 국제공항에서 보건소 소속 구급차를 타고 집까지 왔어. 정부에서는 "감염병이 의심되니 2주 동안 집 밖에 나가면 안 된다"며 감시를 시작했어. 김 씨는 "행복을 추구할 권리와 거주 이전의 자유 등 기본권을 침해당했다"고 항의했어. 과연 김 씨의 주장이 옳을까?

아니야. 기본권은 사회 전체의 이익에 부합하고 다른 사람의 권리와 조화를 이루며, 질서를 유지하기 위해 제한될 수 있어.

기상 특보

무슨 뜻일까?

각종 기상 현상으로 인해 재해 발생의 우려가 있을 때 특별히 하는 보도(報道, 새로운 소식을 알림)를 기상 특보라고 해. 태풍이 불 때 TV 뉴스에서 노란 우비를 입고 안전모를 쓴 기자들이 방송하는 게 대표적인 기상 특보야. 국민들에게 미리 알려서 피해를 예방하는 것이 기상 특보의 목적이란다.

이렇게 쓰이는 말이야!

정부 안에는 소방, 경찰 등 국민들의 안전을 담당하는 행정 안전부와 날씨를 예측해 알리는 기상청이 있어. 이들은 태풍, 홍수, 폭염, 한파, 폭설, 황사 등의 자연 재해가 예상될 때 기상 특보를 발령해 국민이 미리 대처할 수 있도록 돕는단다.

참고 3. 강수량, 21. 기후, 71. 자연 재해, 100. 황사

기상 특보도 종류가 다르다?

일기 예보를 할 때 '폭염 주의보', '폭설 경보', '호우 주의보', '태풍 경보' 같은 단어를 쓰는 걸 들어 봤지? 무더위가 너무 심할 테니 건강을 유의하라는 폭염 주의보, 눈이 아주 많이 내릴 테니 미리 대비하라는 폭설 경보 등을 휴대폰 긴급 문자나 TV를 통해 보았을 거야.

주의보와 경보 모두 '조심하라'는 뜻을 담고 있지만, 주의보보다 경보가 강도가 더 세단다.

예를 들어 낮 최고 기온이 33도 이상이면서 이 더위가 이틀 이상 지속될 것으로 예상될 때는 폭염 주의보가, 낮 최고 기온이 35도 이상이면서 이 더위가 이틀 이상 지속될 것으로 예상될 때는 폭염 경보가 발령되지.

기후

무슨 뜻일까?

기후(기운 기 氣, 기후 후 候)는 어떤 장소에서 장기간에 걸쳐 나타나는 대기의 평균적인 상태를 종합적으로 나타낸 것을 말해. 기후는 온도, 강수(비·눈), 바람 등의 특성으로 나타낼 수 있고 이를 기후 요소라고 해. 날씨는 짧은 기간의 대기 상태를 뜻하지만 기후는 오랜 기간 한 지역에 나타나는 평균적인 대기 상태를 말한다는 점에서 차이가 있지.

이렇게 쓰이는 말이야!

우리나라는 적도와 북극의 중간쯤인 중위도에 위치해 있어서 사계절이 뚜렷하고 계절별로 기온의 차이가 크다는 게 특징이야. 따라서 우리나라는 여름에는 덥고 비가 많이 오고, 겨울에는 춥고 눈이 내리는 기후적 특징이 있어. 봄과 가을은 온화하며 여름과 겨울보다 기간이 짧아. 불어오는 바람도 여름에는 남동쪽(일본 방향)에서 덥고 습한 바람이, 겨울에는 북서쪽(중국 북부 방향)에서 차갑고 건조한 바람이 분단다.

참고 3. 강수량, 71. 자연 재해, 84. 지구 온난화

급격한 기후 변화

지구의 평균 온도가 점점 높아지는 지구 온난화로 인해 전 세계는 기후의 변화를 겪고 있어. 한반도는 지난 백 년 동안 평균 기온이 1.5℃나 높아졌다고 해. 기후 변화로 인해 따뜻한 남부 지방에서 자라던 작물의 재배 지역이 점점 북쪽으로 넓어지고 있어. 과거 부모님 세대에는 사과 하면 대구로 통했는데, 지금은 강원도 지역에서 많이 재배되지. 감귤은 제주도에서만 자라는 줄 알았는데 요즘은 전라남도, 경상남도에서도 재배된다고 해. 바닷물 온도가 오르다 보니 찬 바다에서 주로 사는 명태, 꽁치 등은 적게 잡히고 더운 바다에서 사는 고등어, 멸치는 많이 잡힌다고 해.

22.

난민

무슨 뜻일까?

난민(어려울 난 難, 백성 민 民)은 인종, 종교, 정치적 견해 등의 이유로 박해를 받아 자신의 나라를 떠난 사람들을 말해. 넓은 의미로는 전쟁, 가난, 자연 재해로 인해 어려움에 빠진 이재민도 포함해.

이렇게 쓰이는 말이야!

우리나라를 비롯한 백여 개가 넘는 나라가 국제 연합(UN)이 만든 '난민의 지위에 관한 조약'에 가입해 있어. 이 조약은 본국으로 보냈을 때 박해를 받을 가능성이 있는 난민을 돌려보내지 못하며, 난민도 동등하게 사회·경제적인 혜택을 받을 권리가 있다고 규정하고 있어. 현재 많은 나라들은 헌법과 국내법에도 난민, 특히 정치 난민의 보호를 규정하고 있지. 국제 연합 내 난민을 돕는 조직인 유엔 난민 고등 판무관실(UNHCR)에 따르면 난민은 전 세계적으로 2500만 명이 넘어.

참고 14. 국제 갈등, 15. 국제 연합, 19. 기본권, 23. 내전, 69. 인권, 70. 인종 차별

생각해 봐요!

난민인가 아닌가 - 제주 예멘 난민 사태

지난 2018년, 500명이 넘는 예멘인들이 제주도에 30일 동안 비자 (외국인이 한 나라를 출입할 때 필요한 증명서) 없이 입국할 수 있다는 점을 이용해 비행기를 타고 제주도로 왔어. 이들 가운데 484명이 무더기로 난민 신청을 하면서 우리 사회에 논란이 일었지. 이들을 난민으로 받아들이는 것을 반대하는 쪽에서는 이들이 단순히 살기 힘들어 제주도로 왔기 때문에 엄밀한 의미의 난민이 아니며, 난민 수가 급증할 경우 제주도 치안이 나빠질 수 있다고 주장했어. 반대로 인도주의적 측면에서 이들을 난민으로 받아들여야 한다는 사람들도 있었지. 이후 본국으로 돌아갔을 때 박해받을 가능성이 높은 기자 출신 2명만 난민으로 인정받았어. 나머지 대부분은 인도적인 측면에서 제주도에 머물 수 있도록 했지.

내전

무슨 뜻일까?

내전(안 내 內, 싸움 전 戰)은 한 국가에서 권력을 잡거나 유지하기 위해 일으킨 무기를 이용한 싸움(무력 투쟁)을 뜻해. 서로 다른 국가 사이에 벌어지는 싸움은 전쟁이라고 부르는 반면에 말이지.

이렇게 쓰이는 말이야!

대부분의 내전은 한 나라 안에서 정치적으로 원하는 것이 다른 사람들이 의회 등을 통해 말다툼을 벌이다가, 결국 싸움이 커져 무력 투쟁으로 이어지면서 생기게 돼. 대표적인 내전이 미국의 남북 전쟁(1861~1865)이야. 공업이 발달한 북부 지역에서는 노예제 폐지를, 농업이 주력인 남부 지역은 노예제 유지를 주장해 수십 년간 말다툼을 했어. 정치적인 타협이 불가능해지자 결국 전쟁이 일어난 거지. 미국 역사상 가장 많은 희생자가 발생했다고 하는데, 그 수가 60만 명이나 되었다고 해.

참고 15. 국제 연합, 22. 난민, 69. 인권, 70. 인종 차별

중동 내전과 유럽으로 가는 난민

　2015년 9월 4일, 전 세계가 한 장의 사진으로 슬픔에 빠졌어. 시리아 내전을 피해 유럽으로 가던 난민들이 탄 배가 뒤집혀, 배에 탔던 아이가 바닷가에서 시신으로 발견된 사진이었어. 이후 중동과 북아프리카에서 유럽으로 향하는 난민들의 비극이 전 세계에 알려졌어.

　중동과 북아프리카에서는 2010년부터 독재 정권이 잇달아 무너지면서 여러 정파들이 나뉘어 내전을 벌였어. 생명에 위협을 느끼고 생계를 유지할 수단이 없던 사람들은 기차나 배를 타고, 또는 걸어서 유럽으로 들어가 난민이 될 수 밖에 없었어.

24.

다수결의 원칙

무슨 뜻일까?

다수결(많을 다 多, 셈 수 數, 결정할 결 決)은 회의에서 많은 사람의 의견에 따라 안건의 찬성과 반대를 결정하는 일이야. 민주주의에서는 다수의 의견이 소수의 의견보다 좋을 것이라고 가정하고 다수의 의견을 택하는 것이지.

이렇게 쓰이는 말이야!

민주적 의사 결정의 기본은 대화와 토론을 거쳐 양보와 타협에 이르는 거야. 하지만 때로는 양보와 타협이 어려울 때가 있어. 서로 자기 주장만 하니까. 이때 다수결의 원칙으로 문제를 해결하지. 선거에서 투표를 통해 더 많은 표를 얻은 사람을 대표로 결정하는 것과 학급 회의에서 여러 안건 중에 가장 많은 표가 나온 안건을 채택하는 것이 다수결의 원칙이 적용된 경우야. 하지만 다수결의 원칙이 적용되기까지 소수의 의견도 충분히 듣고 존중해야 해. 다수결의 원칙이 자칫 '다수의 횡포'가 될 수도 있으니까 말이야.

참고 32. 민주 선거의 기본 원칙, 33. 민주주의

다수결과 '날치기 통과'

나라 전체의 문제는 국회에서, 지역의 일은 지방 의회에서 토론하고 타협한 뒤 법률로 만들어 해결해. 국회와 지방 의회에서 결정할 때는 전체 의원의 절반 이상이 참석하고, 참석한 의원 가운데 절반 이상이 찬성하면 된단다. 만약 의회에서 절반이 넘는 의석을 차지하고 있는 A당이 새벽에 다른 당에 제대로 알리지 않은 채 의회에 모여 법률을 통과시키려 했다면 '날치기 통과'라는 말을 듣게 되지. 단순히 다수결의 원칙만 지키고, 소수의 의견을 존중하지 않는 나쁜 모습이야.

25.

답사

무슨 뜻일까?

답사(밟을 답 踏, 조사할 사 査)는 한자 뜻처럼 어떤 곳에 직접 찾아가 조사하는 것을 말해. 직접 찾아가서 보면 책이나 인터넷을 통해 배운 지식보다 생생한 지식을 얻을 수 있으니까. 백문불여일견(百聞不如一見, 백 번 듣는 것이 한 번 보는 것보다 못하다는 뜻)이란 옛 말도 있잖아.

이렇게 쓰이는 말이야!

답사를 하기 전에는 인터넷을 통해 답사할 곳까지 가는 교통편과 답사지에서 볼 수 있는 것들을 미리 조사하는 게 좋아. 사전에 꼼꼼히 찾아보면 시간과 비용을 아낄 수 있고, 잘 이해할 수 있으니까.

답사 당일에는 지도, 사전 조사 자료, 녹음기, 카메라, 필기구 등을 준비해서 현장 사진도 찍고, 그곳에 있는 분들과 나눈 대화를 기록해 봐. 답사를 마친 후에는 보고서를 만들어. 답사 장소, 날짜, 알게 된 점, 느낀 점 등을 사진, 지도와 함께 정리하면 나중에 두고두고 볼 수도 있지.

참고 30. 문화유산, 48. 생활권, 81. 중심지

답사, 어디까지 가 봤니?

　부모님께 여쭤보면 어린 시절 다녀온 답사에 대한 좋은 추억 얘기를 들을 수 있을 거야. 답사를 거창하고 어렵게만 생각할 필요는 없어. 사는 곳 근처의 박물관, 미술관, 과학관, 문화유산 등을 답사해 보면 재미있을 거야. 서울에 사는 초등학생 현준이는 한 달에 한 번 정도 아빠와 답사를 다녔어. 서울 역사박물관에선 조선 시대의 역사를, 대한민국 역사박물관에서는 대한 제국 이후 근대 역사를, 백범 김구 기념관에서는 일제 치하 독립 운동 역사를 한눈에 볼 수 있었어. 창덕궁에 들른 날에는 바로 옆에 있는 국립 어린이 과학관에서 다양한 체험 활동도 해 무척 좋았대. 너희도 어서 답사를 떠나 보렴.

26.

도시 분포

무슨 뜻일까?

도시가 한 지역에 몰려 있지 않고 일정 공간에 흩어져 있는 정도를 말해. 지형, 기후 등 자연적 요인과 함께 산업, 교통 등 사회·경제적 요인이 도시 분포에 영향을 미친단다.

이렇게 쓰이는 말이야!

밤에 우리나라를 찍은 위성 사진을 보면 밝은 곳과 어두운 곳이 확연히 차이 나기 때문에 도시 분포를 쉽게 확인할 수 있어. 서울을 중심으로 한 수도권, 부산과 그 주변 도시들 그리고 대구, 대전, 광주 같은 대도시는 매우 밝아. 반면 강원도는 숲이 많아 빛이 어두운 편이야. 북한 지역은 매우 어둡고.

1960년대 이후 인천, 포항, 울산, 마산, 창원 등이 새로운 공업 도시로 성장하면서 해안가에 대도시들이 자리잡게 된 점은 특이하다고 할 수 있어.

참고 51. 수도권, 53. 신도시, 67. 인구 분포

프로 야구팀과 도시 분포

응원하는 프로 야구팀을 보러 홈경기에 가는 건 큰 재미야. 수많은 홈팀 관중들과 함께 열띤 응원을 할 수 있기 때문이지. 우리나라 프로 야구팀의 연고지(인연이 있는 지역)로는 서울(두산, LG, 키움), 인천 (SK), 수원(KT), 대전(한화), 광주(기아), 대구(삼성), 부산(롯데), 창원(NC)이 있잖아. 그런데 우리나라에 인구가 100만 명이 넘는 도시 역시 서울, 부산, 인천, 대구, 대전, 광주, 울산, 수원, 창원을 들 수 있어. 연결 고리가 보이니? 인구가 100만 명 이상은 되어야 홈팀 관중 수가 일정 수준으로 유지되기 때문이야.

27.

동남아시아 국가 연합 (ASEAN)

무슨 뜻일까?

동남아시아 지역의 정치적 안정과 경제적 발전을 위해 만든 연합체로, 필리핀·말레이시아·싱가포르·인도네시아·타이(태국)·브루나이·베트남·라오스·미얀마·캄보디아 10개국이 중심이 되고 아세안(ASEAN, Association of South-East Asian Nations의 줄임말)이라고 불려.

이렇게 쓰이는 말이야!

세계 여러 나라들은 힘을 합해 경제적인 이익을 도모하거나 정치적으로 비슷한 목소리를 내려고 해. 유럽에 유럽 연합(EU), 북아메리카에 미국·멕시코·캐나다 협정(USMCA), 남아메리카에 남미 공동 시장(MERCOSUR) 등이 있다면 아시아에는 동남아시아 국가 연합, 즉 아세안이 있어. 동남아시아 국가 연합은 유럽 연합처럼 하나의 경제권을 만드는 것을 목표로 2015년 말 아세안 경제 공동체(AEC)를 결성했어. 이 목표가 성공한다면 인구가 7억 명에 육박하는 거대한 단일 시장이 생기게 돼.

참고 10. 교류, 52. 시장, 55. 아시아, 64. 유럽 연합, 72. 자유 무역 협정

달라도 너무 다른 아세안 국가들

외국 사람들이 "한국은 중국이나 일본과 비슷한 나라 아냐?"라고 한다면 우리는 발끈할 거야. 서로 완전히 다른 나라니까 말이야. 동남아시아 국가 연합 소속 국가들도 서로 달라. 종교만 해도 태국, 미얀마, 라오스, 캄보디아는 불교를 믿고 인도네시아, 말레이시아, 브루나이는 이슬람교를 믿어. 필리핀은 대표적인 카톨릭 국가이고. 베트남, 라오스는 공산주의 국가이지만 경제적으로 개방을 했고, 태국과 캄보디아는 왕이 나라를 대표하지만 민주 정치를 도입했어. 싱가포르는 전 세계에서 가장 경제적인 자유가 많은 나라 가운데 하나야. 또 인구로 보면 인도네시아는 2019년 기준 2억 7천만 명이나 되지만, 브루나이는 44만 명에 불과하지.

무역

무슨 뜻일까?

나라와 나라 사이에 물건이나 서비스를 사고파는 경제 활동을 무역(바꿀 무 貿, 바꿀 역 易)이라고 해. 다른 나라에 물건을 파는 것을 수출, 다른 나라에서 물건을 사 오는 것을 수입이라고 하지.

이렇게 쓰이는 말이야!

나라마다 자연 환경, 자원, 자본, 기술, 인구 등에 차이가 있어서, 생산할 수 있는 물건과 서비스가 서로 다르기 때문에 무역을 한단다. 예를 들어 사우디아라비아는 석유가 풍부하지만 사막 지대라 농작물을 재배하기 어려워. 따라서 석유를 수출하고, 농작물을 수입해. 우리나라는 자원이 풍부하지 않아서 석탄, 석유, 철광석 등 필요한 자원을 대부분 수입해. 대신 반도체, 휴대폰, 자동차 등 높은 기술력을 필요로 하는 제품을 수출한단다.

참고 7. 경제 활동, 38. 보호 무역, 49. 세계 무역 기구(WTO), 61. 원산지와 생산지, 72. 자유 무역 협정

강대국은 모두 무역으로 번성했다

우리나라의 영어 이름 Korea는 과거 고려가 벽란도와 합포 등을 통해 아라비아와 무역을 하면서 쓰이기 시작했어, 아라비아 상인들이 고려(Korea)라는 이름을 서양에 알리게 된 거지. 고려 왕을 중국과 대등한 '황제'로 칭했을 정도로 고려는 꽤 번성했다고 해. 세계 역사를 보면 무역을 잘 하는 나라가 강대국이 된 사례가 많아. 15세기 이후만 하더라도 영국, 스페인, 포르투갈, 네덜란드, 미국, 일본 등이 무역을 통해 힘을 키웠지. 특히 영국, 스페인, 포르투갈은 바다를 건너 식민지를 확보한 후 해상 무역을 통해 큰돈을 벌었어.

29. 문화 다양성

무슨 뜻일까?

문화 다양성(많을 다 多, 모양 양 樣, 성질 성 性)은 언어, 의상, 전통, 도덕, 종교 등 사람들 사이의 문화가 다른 것을 인정하는 것을 말해. 예를 들어, 우리나라에서는 소를 가축으로 생각하여 옛날에는 밭을 가는 일도 시켰는데, 인도에서는 소를 신성한 동물로 생각하여 일도 안 시키고 높이 숭상한다고 해. 그렇게 소에 대한 문화적 차이가 있는 셈이야.

이렇게 쓰이는 말이야!

세계 여러 나라는 저마다 독특한 문화가 있어. 음식 문화의 다양성만 보더라도, 이슬람교도들은 돼지고기를 먹는 게 금지돼 있고, 힌두교도들은 소를 신성하게 여겨서 소고기를 먹지 않아. 의복 문화를 보면 우리나라에선 명절마다 여성들이 한복 치마 저고리를 입지만, 일본에선 기모노를 입어. 이처럼 다양한 문화들 중에 어느 것이 더 좋고 옳은 것이며, 또 어떤 것이 더 나쁘거나 그르다는 평가를 내리는 것이 아니라 서로 존중하는 거지.

참고 10. 교류, 54. 아메리카, 55. 아시아, 56. 아프리카, 63. 유럽

히잡과 십자가 착용 금지

　몇 년 전 프랑스에서는 학교와 구청 같은 공공 기관에서 종교를 상징하는 어떤 물건도 착용하지 못하게 했어.

　이슬람 문화권 여성들이 머리와 목을 가리기 위한 스카프의 일종인 '히잡'을 쓰지 못하게 되자 전통 문화 말살이라며 데모를 했어. 이에 프랑스에선 히잡이 십자가처럼 종교의 상징물인지, 아니면 그냥 전통 복장인지에 대한 논쟁이 있었지.

문화유산

무슨 뜻일까?

문화유산은 선조들의 문화 중에서 후손들에게 물려줄 만한 가치가 있는 것을 뜻해. 유물, 궁터, 성터 등 일정한 모양이 있는 것(=유형 문화재)뿐만 아니라 음악, 춤, 놀이, 축제 등 형체는 없으나 후손들에 물려줄 만한 가치가 있는 것(=무형 문화재)도 포함되지.

이렇게 쓰이는 말이야!

우리나라, 우리 고장에는 어떤 문화유산이 있을까? 우선 국가 문화유산 포털(www.heritage.go.kr)이나 각 지역마다 있는 문화유산 관련 누리집을 찾아 검색해 보자. 답사하는 목적, 장소, 날짜, 내용, 방법 등 계획을 짠 후 직접 현장을 찾아가면 재미있을거야. 특히 무형 문화재 공연을 볼 때는 어떤 의미가 있는지 등을 사전에 찾아봐야 이해하기 쉽겠지?

참고 25. 답사, 86. 지역 문제

소중한 문화유산, 우리 모두 지켜요

문화재법은 큰 건물을 지을 때 땅을 파다가 문화재가 나오면 일단 공사를 중단하고 문화재청에 신고하도록 돼 있어. 요즘은 문화재에 대한 인식이 높아져서 문화재가 많이 묻혀 있을 것 같다고 판단되면 전문가들이 가서 문화재 발굴 작업을 벌여.

미세 먼지

무슨 뜻일까?

대기 중에 떠다니거나 흩날려 내려오는, 눈에 보이지 않을 만큼 아주 작은 먼지를 뜻해. 지름이 사람 머리카락의 5분의 1 정도로 작아.

이렇게 쓰이는 말이야!

미세 먼지는 매우 작기 때문에 대기 중에 머물러 있다가 호흡기를 거쳐 폐에 침투하거나 혈관을 따라 체내로 이동해 장기에 나쁜 영향을 줄 수 있어. 2013년 세계 보건 기구 산하 국제 암 연구소는 미세 먼지를 암을 일으킬 확률이 매우 높은 '1군 발암 물질'로 지정했어. 미세 먼지 농도는 계절별로 큰 차이가 있어. 봄에는 대기가 잘 이동하지 않고 건조한 지표면에서 먼지가 흩날리기 때문에 미세 먼지가 발생할 가능성이 높아. 반면 비가 많은 여름에는 대기 오염 물질이 빗방울에 씻겨 내려가기 때문에 미세 먼지 농도가 낮아져. 가을에는 대기 흐름이 빠르기 때문에 미세 먼지가 상대적으로 적어. 화석 연료를 많이 쓰는 겨울에는 미세 먼지 농도가 다시 높아지지.

참고 100. 황사

미세 먼지는 중국 탓?

미세 먼지는 난방 보일러·발전 시설 등에서 석탄·석유 등 화석 연료를 태울 때 생기는 매연에서 발생해. 그리고 석유 제품을 연소하는 자동차의 배기 가스, 건설 현장 등에서 발생하는 날림 먼지, 공장에 쌓아 두는 분말 형태의 원자재, 쓰레기 소각장에서 나오는 연기 등도 원인이 된단다. 화석 연료가 연소되는 과정에서 배출되는 황산화물이 대기 중의 수증기, 암모니아와 결합하거나, 자동차 배기 가스에서 나오는 질소 산화물이 수증기, 오존, 암모니아 등과 결합하는 화학반응을 통해 미세 먼지가 생성되기도 해(2차 발생).

중국발 미세 먼지가 정말 한반도에 많은 영향을 미칠까? 하지만 어느 정도 영향을 미치는지에 대해서는 아직 제대로 입증되지 않았어. 국내에서 발생하는 미세 먼지를 줄이려는 노력과 함께, 중국발 미세 먼지를 감축하려는 양국 정부의 협조가 필요해.

32. 민주 선거의 기본 원칙

무슨 뜻일까?

선거는 국민이 자신들의 의견을 대표할 사람을 투표를 통해 직접 뽑는 일이야. 민주주의에서 가장 중요한 행위이기 때문에 보통 선거(선거일 기준으로 만 19세 이상 국민이면 누구나 투표), 평등 선거(한 사람이 한 표씩만 행사), 직접 선거(자신이 직접 투표), 비밀 선거(누구에게 투표했는지 다른 사람이 알 수 없도록 함)의 기본 원칙을 따라 선거를 치른단다.

이렇게 쓰이는 말이야!

고대 그리스 아테네의 민주주의는 지금과는 조금 달랐어. 전체 시민이 모두 '아고라'라는 광장에 모여 회의를 하고, 투표를 통해 최종 결정을 했지.

하지만 여성, 노예, 외국인은 '시민'이 아니었기에 아고라에 모여 정치에 참여할 수 없었어. 현대 민주 선거의 기본 원칙과 많이 다르지. 오늘날에는 '만 19세 이상 국민'이면 누구나 투표할 수 있잖아.

참고 33. 민주주의, 79. 주권

언제부터 투표할 수 있을까?

선거를 할 수 있는 나이를 선거 연령이라고 해. 1948년 대한민국 정부 수립 당시 선거 연령은 만 21세였어. 1960년에 만 20세로 낮아진 선거 연령은 오랫동안 바뀌지 않다가 2005년에는 만 19세로 낮아졌어.

민주주의

33

무슨 뜻일까?

모든 국민이 나라의 주인으로서 권리를 갖고, 그 권리를 자유롭고 평등하게 행사하는 정치 제도야. 민주주의를 영어로 Democracy라고 하는데, 이는 다수란 뜻의 데모스(demos)와 지배를 뜻하는 크라티아(kratia)란 말이 합쳐져 생겼어.

이렇게 쓰이는 말이야!

노예 해방으로 유명한 미국 대통령 에이브러햄 링컨은 1863년 남북 전쟁이 한창이던 때 펜실베이니아주 게티즈버그에서 죽은 병사들을 추모하는 연설을 했어. 이때 남긴 유명한 말이 민주주의를 한마디로 설명한 '국민의, 국민에 의한, 국민을 위한 정부'란다. '국민의'는 국가의 주인은 국민이고 모든 권력은 국민으로부터 나온다는 뜻이야. '국민에 의한'은 국민에 의해 나라가 다스려져야 한다는 의미야. '국민을 위한 정부'는 나라에서 이루어지는 모든 정책은 국민을 위한 것이어야 한다는 뜻이지.

참고 19. 기본권, 32. 민주 선거의 기본 원칙, 98. 헌법

아테네 민주주의와 도편 추방제

최초의 민주주의는 고대 아테네에서 시작되었어. 작은 도시 국가이다 보니 당시 성인 남성은 모두 정치에 참여했지(당시에는 여성과 외국인을 '시민'으로 여기지 않았어). 아테네에는 국가에 해를 끼칠 가능성이 있는 사람의 이름을 도자기 파편(도편)이나 조개껍질에 적어 육천 표가 넘으면 아테네 밖으로 십 년간 추방하는 제도가 있었어. 하지만 시간이 지날수록 독재자가 등장하는 것을 막자는 좋은 취지와 정반대로 활용되었지. 오히려 지도자들이 군중을 선동해 유능한 정치적 경쟁자를 쫓아내는 데 쓰였기 때문이야. 민주주의가 자칫 군중들의 어리석음을 활용한 정치로 흐를 수 있다는 비판이 여기서 나왔어.

밀물과 썰물

34.

무슨 뜻일까?

해수면이 높아져 해안의 바닷물이 육지 쪽으로 밀려들어 오는 것을 '밀물', 반대로 해수면이 낮아져 바닷물이 바다 쪽으로 쓸려 나가 빠지는 것을 '썰물'이라고 해. '사람들이 썰물처럼 빠져나갔다'라는 표현이 무슨 뜻인지 알겠지?

이렇게 쓰이는 말이야!

태양과 달이 지구를 끌어당기는 힘(인력) 때문에 밀물과 썰물이 생겨. 지구는 자전축을 중심으로 스스로 회전(자전)하는 동시에 태양의 주위를 돌고 있고(공전), 이러한 지구 주위를 달이 공전하고 있어. 태양과 달이 지구를 끌어당기는 인력과 지구의 자전과 공전으로 생긴 원심력(원의 중심에서 멀어지려 하는 힘)이 지표면의 바닷물을 한쪽으로 몰면서 해수면의 높낮이가 달라지는 거야. 특히 지구는 달의 영향을 태양보다 두 배나 많이 받아. 그만큼 달이 지구와 가깝기 때문이지. 달을 마주보는 쪽이 달의 인력에 의해 밀물이 되면, 대칭되는 지구의 반대쪽은 지구의 원심력이 작용해 썰물이 돼.

참고 2. 간척지, 35. 반도

78

조석 간만의 차와 조력 발전소

밀물과 썰물은 하루가 조금 넘는 약 24시간 50분마다 반복되는 현상이야. 밀물에서 다음 밀물까지 또는 썰물에서 다음 썰물까지는 약 12시간 25분의 간격이 있어. 밀물과 썰물에 의해 바닷물의 높이가 주기적으로 오르내리는 현상을 '조석'이라고 해. 밀물이 되어 바닷물의 높이가 가장 높아졌을 때가 '만조'이고, 썰물이 되어 바닷물의 높이가 가장 낮아졌을 때가 '간조'란다. 만조와 간조 때 높이 차를 '조석 간만의 차', '간만의 차', '조차'라고 부르지. 조력 발전소는 조석 간만의 차가 큰 해안가에 건설해. 현재 국내에서는 한국수자원공사가 시화호 방조제에 시화호 조력 발전소를 건설해 전력 생산을 시작했어.

반도

무슨 뜻일까?

육지 또는 대륙으로부터 돌출하여 삼면이 바다로 둘러싸여 있는 땅을 반도라고 해. 우리나라는 '한반도(韓半島, Korean Peninsula)'에 자리 잡고 있어. 유럽의 이탈리아도 대표적인 반도 국가이지.

이렇게 쓰이는 말이야!

반도는 대륙과 해양으로 진출하는 데 유리해. 반도 국가인 우리나라는 오랜 옛날 대륙에 있는 중국 문화를 받아들여 일본으로 전파시켰어. 하지만 고려 시대 몽골족의 침입과, 조선 시대 임진왜란처럼 대륙과 해양 양쪽에서 침략을 당하기도 했어. 우리나라의 남해안과 서해안은 크고 작은 반도로 이뤄져 있어. 반도 안쪽으로는 큰 파도가 들이치지 않기 때문에 항구를 만들기에 유리해. 덕분에 1960년대 이후 바닷가에 중화학 공업 공장을 짓고, 큰 항구를 만들어 수출에 나섰기에 큰 경제 발전을 이룰 수 있었어.

참고 2. 간척지, 34. 밀물과 썰물, 82. 중화학 공업

다양하게 활용되는 반도 지형

　지도를 펼쳐 놓고 한반도 지형을 보면 남해안과 서해안의 반도들이 굴곡이 매우 심한 것을 알 수 있어. 서해안 지역 반도는 조석 간만의 차가 무척 커서 갯벌이 넓게 분포해 있어. 태안반도나 무안반도 등에서는 방조제를 건설해 간척지를 만들어 농경지로 활용하고 있어. 고흥반도·여수반도·고성반도 등 남해안의 여러 반도는 따뜻한 기후 덕분에 다양한 식물이 자라 풍광이 아름다워. 또 이순신 장군 유적지를 비롯해 수많은 문화재가 있어 다도해 해상 국립 공원 또는 한려 해상 국립 공원으로 지정돼 있어. 바닷물 또한 맑아서 전복, 김 등 다양한 양식업이 발달했지.

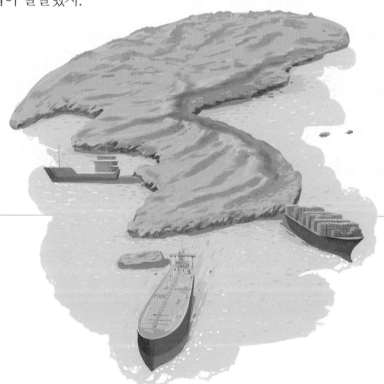

법원
(사법부)

무슨 뜻일까?

법원(사법부)은 국회(입법부)에서 만든 법의 뜻을 풀이하고, 그 뜻에 따라 판단하고 심판하는 일을 하는 곳이야.

이렇게 쓰이는 말이야!

헌법에 따라 법원은 원칙적으로 모든 법적 분쟁을 심판해. 이를 재판이라고 하지. 예외적으로 헌법 재판소가 헌법 분쟁 중 일부를, 국회가 국회 의원에 대한 자격 심사와 징계 처분(벌을 주는 것)을 담당해. 재판에는 크게세 종류가 있는데, 우선 개인과 개인 간 다툼을 심판하는 재판을 민사 재판이라고 해. 옆집 강아지가 우리 집 고양이를 물어서 다치게 했다면, 이때하는 재판이 민사 재판이야. 범죄를 저지른 것으로 보이는 사람이 유죄인지 무죄인지 판단하는 것은 형사 재판이야. 또 정부나 지방 자치 단체의 잘못된 활동 때문에 피해를 봐서 국가를 상대로 거는 재판을 행정 재판이라고 한단다.

참고 16. 국회, 47. 삼권 분립, 78. 정부, 98. 헌법, 99. 헌법 재판소

생각해 봐요!

왜 같은 사건을 세 번 재판할까?

재판은 공정해야 해. 모든 사람에게 똑같이 법을 적용하고, 법의 원래 뜻에 맞게 신중하게 재판해야 한다는 말이지. 법관(판사)은 엄격한 절차를 거쳐 임명되지만, 아무리 전에 있었던 사건이나 법률을 보고 판단했다 해도 사람인지라 잘못된 판단을 내릴 수 있어. 헌법에서는 공정한 재판을 위해 세 번까지 재판을 받을 수 있게 하는 '삼심제'를 규정하고 있어. 지방 법원(1심)의 판결에 따를 수 없다면 고등 법원(2심)에서 다시 재판을 받고, 고등 법원의 판결에도 따를 수 없다면 대법원(3심)에서 다시 재판을 받도록 하는 거지.

법의 역할

무슨 뜻일까?

국가에 속한 사람들의 행동 기준으로, 누구나 무조건 지켜야 하는 사회 규범이 '법'이야. 법은 사회의 질서를 유지하고 국민들의 안전을 지키는 역할을 해. 법을 지키지 않았을 때는 벌금을 내거나, 사회봉사를 하거나, 감옥에 가는 등 제재를 받는다는 점에서 도덕이나 관습과는 차이가 있단다.

이렇게 쓰이는 말이야!

법은 크게 국민 개개인의 권리를 보장하고, 사회 질서를 유지하는 역할을 해. 개인 권리 보장을 위해서 법은 개인의 생명이나 재산을 보호해 주고, 개인 간에 발생한 분쟁을 해결하는 역할을 하지.

사회 질서 유지를 위해서, 법은 사고나 범죄로부터 사람들을 보호하고 안전하게 살아갈 수 있도록 하는 한편 환경 파괴와 오염 물질 배출을 막기도 해. 예를 들어 쓰레기를 함부로 버리면 벌금을 내도록 하는 것처럼 말이야.

참고 19. 기본권, 36. 법원, 98. 헌법, 99. 헌법 재판소

악법도 법일까?

영국이 인도를 식민 지배하던 시절, 영국은 인도 사람들이 소금을 만들거나 팔지 못하도록 하는 법을 만들었어. 그러고는 소금에 막대한 세금을 붙여 영국이 그 이익을 독점했지. 비폭력 투쟁으로 유명한 마하트마 간디(1869~1948)는 그러한 소금법에 반대하기 위해 40도가 넘는 무더위 속에서 무려 380km를 걸었어. 출발할 때만 해도 70여 명이었던 지지자들은 도착지에 가까워지자 6만 명에 달했지. 이 소금 행진은 인도 독립을 불러온 중요한 첫걸음으로 기록되었어. 그리스의 철학자 소크라테스가 '악법도 법이다'라고 이야기했지만, 간디는 '악법은 악법이다'라는 점을 비폭력적인 방법으로 보여 준 셈이야.

보호 무역

무슨 뜻일까?

보호 무역은 자기 나라의 산업을 보호하려고 여러 가지 법률을 적용해서 수입을 최대한 줄이고 수출은 크게 늘리는 무역 정책이야. 자유롭게 다른 나라와 무역을 한다는 '자유 무역'과는 정반대의 개념이지.

이렇게 쓰이는 말이야!

보호 무역의 가장 대표적인 방법은 관세를 높이는 거야. 관세는 다른 나라의 물건과 서비스가 국경을 넘어 자기 나라로 들어올 때 매기는 세금이야. 예를 들어 기존에는 물건 값의 10%였던 관세율을 100%로 갑자기 높이면 수입품 가격도 따라서 쑥 오르겠지? 또 드물기는 하지만 정부가 미리 수입량을 정해 놓고 그 범위 안에서만 수입을 허락하는 수입 할당제도 있어. 농산물의 경우에는 세균과 농약이 있는지 없는지 아주 까다롭게 검사해서 수입을 못하게 하는 경우도 있어.

참고 5. 경제 성장, 10. 교류, 49. 세계 무역 기구, 72. 자유 무역 협정

보호 무역이 이득일까?

　단순히 생각할 때 수출을 많이 하고, 수입을 적게 하면 한 나라가 벌어들이는 돈이 많아져 이득이 될 것처럼 보여. 하지만 우리나라처럼 큰 경제 규모를 가진 나라는 보호 무역을 할 경우 여러 부작용이 생긴단다. 우선 소비자 입장에서는 국산품만 이용해야 하니 불만이 많아져. 돈을 많이 버는 수출 대기업에서 일하는 사람과, 다른 산업에 종사하는 사람과의 소득 격차도 커지지. 또 보호 무역이 계속되면 국내 기업들이 물건을 더 좋게 만들려는 노력을 하지 않아서, 결국에는 품질이 떨어져 수출도 어렵겠지.

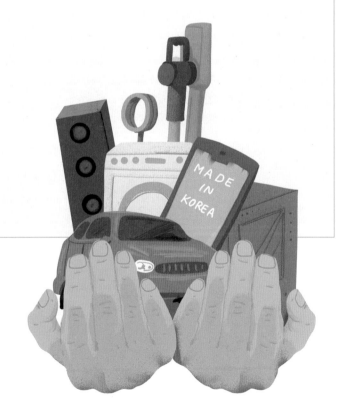

39. 비무장 지대 (DMZ)

무슨 뜻일까?

한국 전쟁을 겪은 남한과 북한은 1953년 7월 전쟁을 멈추기로 약속한 정전 협정에 따라 두 나라를 나누는 경계선을 정했어. 이 선이 전쟁을 멈추기로 한 선, 바로 휴전선(休戰線)이야. 남한과 북한 군대는 휴전선을 중심으로 2*km*씩 뒤로 물러났어. 이 지역이 바로 무기가 없는 땅이라는 뜻의 비무장 지대(DMZ, Demilitarized zone)야.

이렇게 쓰이는 말이야!

2017년 11월 판문점 공동 경비 구역(JSA)에서 북한군 병사가 남측으로 귀순을 시도했어. 이어서 귀순을 막으려는 북한군이 총을 쏘는 일이 벌어졌지. JSA가 비무장 지대 한가운데 있기 때문에 북한군이 정전 협정을 위반한 거였어.

비무장 지대와 가까운 지역은 민간인 통제 구역으로 지정되어 있어서 군인이 아닌 사람들은 허락 없이 출입할 수 없는 곳이지.

참고 23. 내전, 57. 영역

비무장 지대는 생태계의 보고

보물 창고의 줄임말, '보고(寶庫)'란 단어를 들어 봤니? 비무장 지대는 바로 생태계의 보고란다. 사람들이 드나들지 못해서 1953년 이후 수십 년 동안 동식물의 왕국이 된 거야. 반달가슴곰, 사향노루, 산양, 수달 등 대한민국의 멸종 위기 생물 중 40%가 비무장 지대에 살고 있다고 해. 우리 정부에서는 통일 이후에도 비무장 지대를 생태·관광 지역으로 보존할 계획을 갖고 있어.

40.

비정부 기구 (NGO)

무슨 뜻일까?

지구촌, 국가, 지역에서 발생한 갈등이나 문제를 해결하기 위해 민간인들이 모여 국제 협력을 위해 만든 조직이야. 정부가 하는 일과 비슷한 일을 하지만 정부가 아닌 기구란 뜻에서 비정부 기구(NGO, Non-Governmental Organization)라고 불러.

이렇게 쓰이는 말이야!

비정부 기구는 자발적으로 조직된 시민 단체로, 정치 민주화, 인권 보호, 환경 보호, 공정 경제 등 다양한 목적을 위해 활동해. 국제 연합(UN)과 같은 국제 기구나 다른 비정부 기구와 협력해 문제 해결을 위해 노력하지. 예를 들어 국제 사면 위원회(=국제 앰네스티)는 부당한 국가 권력에 의해 억압받는 각국 정치범들을 돕기 위해 공정한 재판을 요구하고, 고문과 사형 폐지 활동을 하고 있어. 국경 없는 의사회는 의료와 보건 시설이 적은 개발 도상국에 가서 영양 관리, 예방 접종, 수술, 감염병 치료 등 다양한 활동을 해.

참고 8. 공공 기관, 15. 국제 연합, 22. 난민, 69. 인권, 70. 인종 차별, 78. 정부

그린피스의 환경 보호

그린피스(Green Peace)는 1971년 미국과 프랑스의 핵실험을 반대하기 위해 탄생한 환경 보호 단체로, 전 세계를 무대로 활동하고 있어 (당시만 해도 선진국들이 핵무기 개발을 위한 핵 실험을 자주 했어).

1985년 7월, 그린피스 소속 레인보우 워리어(Rainbow Warrior)호가 프랑스 핵 실험 기지인 태평양의 한 섬에서 시위를 하기 위해 가다가, 정박했던 뉴질랜드 오클랜드 항구에서 폭파돼 침몰한 사건이 벌어졌어. 그 외에도 그린피스는 일본의 고래잡이에 반대하는 등 멸종 위기 동물을 보호하고, 숲을 살리자는 삼림 보호 캠페인도 펼치고 있어.

전 세계 40여 개 국가에 사무소가 있는데, 한국에는 2011년에 41번째로 사무소를 열었어.

사이버 폭력

무슨 뜻일까?

사이버(Cyber) 폭력은 인터넷 등 사이버 공간에서 다른 사람에게 나쁜 말을 쓰며 마음의 상처를 주는 것을 말해. 몸에 상처를 주는 물리적 폭력만 범죄가 아니라 글이나 말로 다른 사람에게 해를 끼치는 것도 나쁜 일이지.

이렇게 쓰이는 말이야!

대부분의 사이버 공간에서는 가상의 아이디(ID)로 대화가 이뤄져서, 진짜 이름이 드러나지 않고 서로 얼굴을 볼 수 없다는 점을 이용해 다른 사람에게 욕설이나 폭언을 하는 사람이 많아. 예를 들어, '악성 댓글'이나, 한 사람을 비방할 목적으로 글, 사진, 동영상 등을 지속적으로 올리는 사람들도 있어. 이처럼 인터넷에서 폭언이나 욕설을 하거나 틀린 정보를 퍼뜨릴 경우에는 사이버 폭력으로 법적인 처벌을 받게 돼. 또한 단순히 공포감이나 불안감을 주는 글을 인터넷 게시판에 계속해서 올리거나 다른 사람에게 전송하는 경우에도 벌을 받는단다.

참고 4. 개인 정보, 69. 인권, 77. 정보 사회, 90. 차별과 편견, 93. 통신 수단

가짜 뉴스 처벌, 어디까지 해야 할까?

가짜 뉴스는 진짜 뉴스처럼 기사 형식의 글로 썼지만 사실은 누군가 지어 쓴 거짓 기사야. 전 세계적으로 소셜 네트워크 서비스(SNS)에 가짜 뉴스가 난무하고 있지. 가짜 뉴스에 담긴 내용이 100% 거짓이라면 처벌이 쉽겠지만, 가끔은 가짜 뉴스인지 아닌지 혼동될 때도 있어. 신문과 방송에서 사실 확인을 하지 않은 채 내보내는 오보(잘못된 기사)와 가짜 뉴스를 구별 짓기 힘든 것처럼 말이야.

사회 규범

무슨 뜻일까?

사람들이 사회생활에서 지켜야 할 행동 기준을 뜻해. 사회 규범에는 국민이라면 누구나 무조건 지켜야 하는 '법', 사람들이 양심에 비추어 마땅히 지켜야 할 규범인 '도덕', 어떤 사회에서 오랫동안 지켜 내려와 그 사회 사람들이 널리 인정하는 질서인 '관습' 등이 있어.

이렇게 쓰이는 말이야!

법은 가장 강제적인 사회 규범이야. 교통 신호를 위반하거나 말없이 다른 사람의 물건을 가져가면 범법(법을 어기는 것)을 저지르는 거야. 범법자(범죄자)는 벌금을 내거나, 감옥에 가는 등 처벌을 받게 되지. 도덕은 개인의 양심에 비추어 스스로 지키는 사회 규범이야. 버스를 탈 때 새치기를 하거나, 지하철에서 큰 소리로 떠드는 것은 도덕에 어긋나는 행동이야. 이때는 사람들의 눈총을 받겠지만 처벌은 받지않아. 관습은 사람들이 늘 그렇게 해 온 행동 양식이야. 예를 들어, 우리가 설날에 한복을 입는 것도 관습이지.

참고 19. 기본권, 36. 법원, 37. 법의 역할, 98. 헌법

도덕을 법으로? 착한 사마리아인의 법

성서에는 '착한 사마리아인'의 비유가 있어. 강도를 당한 뒤 길에서 죽어 가는 사람이 있었어. 여러 사람이 그를 무시하고 지나쳤는데, 유독 사마리아인 한 사람이 그를 데리고 여관으로 가서 간호해 주었다는 내용이야. 도덕적으로 따지면 위험에 처한 사람을 돕는 게 옳아. 하지만 이 같은 사회 규범을 아예 법으로 만든 나라들이 있어. 독일, 프랑스, 헝가리 등에서는 '자신이 위험해지지 않는 상황에서, 위험에 처한 사람을 외면한 채 구조하지 않았다'는 이유로 처벌하는 법이 있어. 이 같은 법을 '착한 사마리아인의 법'이라고 부른다.

43. 사회 보장 제도

무슨 뜻일까?

소득이 적거나 실업·질병·노화·재해 등의 이유로 생활에 불안과 위협을 받는 경우 국가가 최소한의 생활을 보장하는 제도야.

이렇게 쓰이는 말이야!

전 세계가 경제적으로 너무 어려워서 어른 세 명 가운데 한 명이 실업자이던 1935년 미국에서 사회 보장(Social security) 제도가 처음 등장했어. 정부에서 국민이 아주 기본적인 수준의 삶을 살 수 있도록 지원하기 시작한 거지. 직장을 잃어 실업자가 되면 돈을 주고(=실업 수당), 먹고살 수 있도록 최소한의 임금을 보장하는 제도(=최저 임금제)가 도입됐어. 또한, 중학교까지는 공짜로 학교를 다니게 하는 교육 보장, 적은 돈을 내도 제대로 된 치료를 받을 수 있게 정부가 지원해 주는 의료 보장 등이 속속 등장했어.

참고 6. 경제적 양극화, 19. 기본권, 69. 인권, 90. 차별과 편견

어느 정도까지 사회 보장을 해야 할까?

'지나친 사회 보장 제도가 나라를 망친다'는 말을 들어 본 적 있니? 예를 들어 국민들이 평균적으로 월 200만 원씩을 버는데 실업자에게 월 150만 원을 수당으로 지급한다고 해 보자. 게으른 사람들은 일을 하는 대신 50만 원을 덜 받고 실업 수당을 받으려 할 거야. 일하는 사람들도 더 열심히 일할 의욕을 잃겠지. 따라서 적당한 수준의 사회 보장 제도를 마련하는 게 요즘 여러 나라 정부의 고민이란다.

44.

산맥

무슨 뜻일까?

산맥(산 산 山, 줄기 맥 脈)의 한자어대로 여러 산들이 이어져 만들어진 지형이야. 남북으로 긴 우리나라는 큰 산맥과 강줄기에 따라 북부, 중부, 남부 지방으로 구분돼. 특히 전 국토의 70%가 산지일 정도로 산이 많지. 태백산맥, 소백산맥, 낭림산맥, 함경산맥, 마천령산맥 등이 대표적인 산맥이야.

이렇게 쓰이는 말이야!

호랑이 한 마리가 북쪽을 향해 으르렁거리는 모습의 한반도 그림을 본 적 있니? 호랑이의 등뼈, 다리뼈처럼 한반도 땅의 커다란 줄기를 이루는 산맥이 바로 '백두 대간'이야. 2005년 1월 1일부터 시행된 「백두 대간 보호에 관한 법률」에서는 '백두 대간이라 함은 백두산에서 시작하여 금강산·설악산·태백산·소백산을 거쳐 지리산으로 이어지는 큰 산줄기를 말한다'라고 정의하고 있어.

참고 58. 영호남

동쪽은 높고, 서쪽은 낮은 한반도

우리나라 지형을 말할 때 흔히 '동고서저'라고 해. 한반도를 북쪽부터 남쪽으로 살펴보면, 마천령산맥, 함경산맥, 낭림산맥, 태백산맥 등 주요 산맥은 동쪽에 위치해 있어. 태백산맥에서 뻗어 나온 소백산맥만 남부 지방 한가운데를 가로지르고 있지. 물이 높은 데서 낮은 데로 흐르기 때문에, 큰 강도 대부분 동쪽에서 서쪽으로 흘러(태백산맥에서 시작해 남쪽으로 흐르는 낙동강만 빼면!).

45. 산업

무슨 뜻일까?

산업(낳을 산 産, 업 업 業)은 살아가는 데 필요한 물건과 서비스를 생산하는 활동을 말해.

이렇게 쓰이는 말이야!

산업은 무엇을 어떻게 만들어 내느냐에 따라 1차 산업, 2차 산업, 3차 산업으로 분류해. 1차 산업은 자연을 이용해 생산물을 얻는 활동으로 농업, 축산업, 수산업 등이 있어. 2차 산업은 생산물을 만들기는 하지만 1차 산업과 달리 자연을 직접 이용하지 않는 산업이야. 공업(제조업), 건설업이 2차 산업으로 분류되지. 3차 산업은 사람들이 편리한 생활을 할 수 있게 돕는 서비스활동으로 상업, 금융업, 관광업 같은 산업이야.

넓은 평야가 있는 곳에는 농업이 발달하고, 배를 만드는 조선업은 바닷가, 그중에도 파도의 영향을 덜 받는 만이 있는 곳에서 발달해. 서비스업은 인구가 많은 대도시에서 발달할 수밖에 없고 말이야.

참고 5. 경제 성장, 38. 보호 무역, 52. 시장, 82. 중화학 공업

6차 산업이 뭐야?

지금은 4차 산업 혁명이 진행 중이야. 인공 지능, 빅 데이터, 로봇, 드론, 자율 주행차 등으로 인간의 삶이 훨씬 편리해질 것이라고 해 (73. 자율 주행 자동차 참고). 간간이 '미래 농업은 6차 산업'이란 표현도 나와. 원래 농업은 1차 산업이지만, 첨단 기계 설비가 온실 속 온도, 습도, 영양분을 자동 조절하고(2차 산업), 데이터 분석으로 가장 질 좋은 상품을 재배하는 소프트웨어 기술을 적용한(3차 산업) '스마트 농장'이 등장했어. 1차, 2차, 3차 산업이 모두 활용되었으니 6차 산업인 셈이지(1차+2차+3차=6차 산업).

46.

산유국

무슨 뜻일까?

산유국(낳을 산 産, 기름 유 油, 나라 국 國)은 자국의 영토 및 영해에서 원유를 생산하는 나라를 뜻해. 유전(땅속에 묻혀 있는 천연 석유 밭)이 많은 중동(=서남아시아) 국가가 주요 산유국이야.

이렇게 쓰이는 말이야!

우리나라도 지난 2004년 울산 앞바다에서 원유와 천연 가스를 뽑아내면서 세계 95번째 산유국이 됐어. 하지만 하루에 34만 가구, 승용차 2만 대만 쓸 수 있을 정도로 생산량이 미미해 대부분의 원유를 수입해서 쓰고 있지. 우리나라가 석유를 수입해 오는 나라로는 서남아시아의 사우디아라비아, 쿠웨이트, 이라크, 이란, 카타르, 아랍에미리트(UAE), 유럽의 러시아, 영국 등이 있고 미국으로부터는 석유와 천연 가스를 수입하고 있어.

참고 28. 무역, 55. 아시아, 72. 자유 무역 협정, 82. 중화학 공업, 87. 지진

기술 발달로 산유국이 바뀌어

1800년대 후반, 미국에서는 커다란 드릴 같은 기계로 유정(기름 유 油, 우물 정 井)을 뚫어 원유를 채굴하기 시작했어. 이 방식이 유전이 아주 많은 중동에 적용됐고, 덕분에 중동 여러 나라가 주요 산유국이 됐지. 1960년대부터는 대륙붕(해변으로부터 깊이가 200m밖에 안 되는 얕은 바다) 위에 커다란 건물을 짓고 바닷속에 유정을 뚫는 기술이 개발되어, 1970년대부터 영국과 노르웨이 사이의 북해(North Sea)에서 석유가 많이 나오기 시작했지. 우리나라도 같은 기술로 산유국이 됐어. 2010년대부터는 깊은 땅속 퇴적암에 섞여 있는 원유와 가스를 분리해 내는 셰일 유정 개발 방식(87. 지진 참고)이 적용돼 미국이 주요 산유국으로 떠오르기 시작했어.

삼권 분립

무슨 뜻일까?

한 사람이나 한 기관에 국가의 중요한 일을 결정하는 권한이 집중되면 한쪽이 마음대로 그 힘을 이용하거나 잘못된 결정을 내릴 수 있어. 국민의 자유와 권리를 억압할 수도 있지. 이 같은 문제를 막고자 민주 국가에서는 국가 기관이 권력을 나눠 서로 잘 하고 있는지 확인한단다. 우리나라에서는 국가 권력을 국회, 정부, 법원이 나눠 맡는데, 이를 삼권 분립(석 삼 三, 권세 권 權, 나눌 분 分, 세울 립 立)이라고 해.

이렇게 쓰이는 말이야!

국회(입법부)는 국가를 다스리는 법을 만들고 정부(행정부)는 법에 따라 나라 살림을 해. 법원(사법부)은 법을 지키지 않으면 법에 따라 재판을 하지. 중요한 권력을 셋으로 나눈 삼권 분립은 한 기관이 국가의 중요한 일을 마음대로 처리할 수 없도록 서로 견제하고 균형을 이루게 하는 민주 정치의 원리야.

참고 16. 국회, 33. 민주주의, 78. 정부

견제가 중요한 삼권 분립

견제(끌 견 牽, 절제할 제 制)는 한쪽이 지나치게 세력을 펴거나 마음대로 행동하지 못하도록 다른 쪽이 제한하는 거야. 대통령이 국회에서 만든 법률안과는 다른 생각이 있을 때 국회에 재의를 요구할 수 있는 권리, 즉 법률안 거부권을 행사하는 게 대표적인 견제의 사례야. 국회는 해마다 국정 감사를 통해 정부가 나라 살림을 잘 하고 있는지, 권한을 잘못 사용하진 않는지 살피며 정부를 견제해. 법원은 국회가 만든 법률이 헌법에 위배되는지를 헌법 재판소에 물으며 국회를 견제하지.

생활권

무슨 뜻일까?

통학, 출퇴근, 쇼핑 등 일상생활을 하는 범위를 생활권이라고 해.

이렇게 쓰이는 말이야!

생활권에서는 그 지역에 사는 사람들의 일상생활의 모습이 뚜렷이 나타나. 학생들이 등하교를 하는 범위, 직장인들이 출퇴근을 하는 범위, 사람들이 쇼핑이나 오락을 즐기기 위해 이동하는 범위, 병원, 도서관 등 공공 서비스를 이용할 수 있는 범위 등으로 생활권을 구분할 수 있어. 예를 들어 경기도의 경우 인접해 있는 안양시-군포시-과천시-의왕시가 하나의 생활권으로 묶여 있지. 생활권은 행정 구역과 상관없이 형성되지만, 때로는 행정 구역 개편 때 참고가 되기도 해. 예를 들어, 경상남도에 위치한 마산시, 창원시, 진해시는 지역적으로 서로 붙어 있어 창원에 직장이 있는 사람이 마산에 살기도 하고, 마산과 진해 사람이 쇼핑할 때는 창원으로 가는 등 하나의 생활권이었어. 이에 2010년 3개 시를 합쳐 통합 창원시로 새로 만들었어.

참고 10. 교류, 11. 교통도, 12. 교통수단, 25. 답사, 81. 중심지, 97. 행정 구역

생각해 봐요!

교통 발달에 따라 달라지는 생활권

'일일 생활권'이란 말 들어 봤지? 서울에 있는 사람이 KTX나 비행기 등을 이용해 오전에 부산에 내려가서 업무를 본 후 저녁에 다시 서울로 돌아올 수 있기 때문에 전국이 일일 생활권이 됐다고 표현하기도 해. 이처럼 교통 발달로 인해 생활권의 범위는 점점 넓어지고 있어. 예를 들어 세종특별자치시와 대전광역시 북부를 잇는 도시 고속화 도로는 두 지역을 20분 만에 오갈 수 있게 해 줘서, 양쪽으로 출퇴근하는 사람들이 많아. 너희의 생활권은 어디까지야?

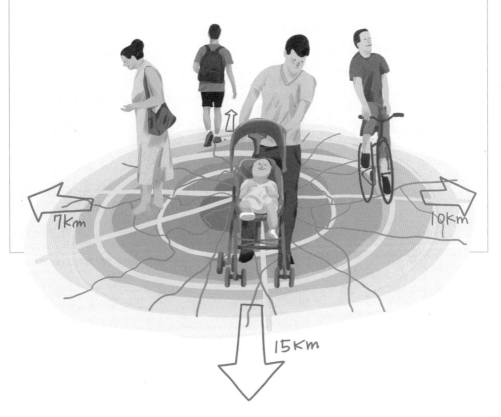

세계 무역 기구 (WTO)

49.

무슨 뜻일까?

세계 무역 기구(WTO, World Trade Organization)는 나라와 나라 사이에 경제와 관련한 다툼이 일어났을 때 잘못된 것을 판단하고 고치도록 감시하는 국제 기구야. 1995년에 탄생했고 현재 160여 개국이 회원국으로 있어.

이렇게 쓰이는 말이야!

오늘날은 전 세계가 지구촌이라고 불릴 만큼 나라와 나라 간 무역이 활발해졌어. 하지만 어떤 나라들은 여전히 자국 산업을 보호하기 위해 여러 가지 꼼수를 쓰고 있어. 그만큼 경제적인 분쟁도 많이 일어나지. 세계 무역 기구는 이러한 분쟁이 생겼을 때 조정하는 중요한 역할을 해. '무역 분쟁 심판자'라고 불릴 만하지. 또한 세계 무역 기구에서는 품목별로 관세율을 합리적으로 조정하고, 무역이 쉽게 이루어지지 않는 분야가 개방될 수 있도록 무역 장벽을 낮추기도 해.

참고 10. 교류, 38. 보호 무역, 61. 원산지와 생산지, 72. 자유 무역 협정

생각해 봐요!

후쿠시마 수산물 수입과 세계 무역 기구

후쿠시마라고 들어 봤니? 일본 동북 지방에 있는 마을인데 2011년 동일본 대지진 때 이곳에 있는 원자력 발전소도 지진의 영향을 받아 방사능 물질이 흘러나오기 시작했어. 당연히 후쿠시마 인근 바다로 이 물질들이 퍼져 나갔지. 우리나라 정부는 2013년 9월 후쿠시마 지역에서 잡은 수산물을 수입하지 못하도록 했어. 이에 일본이 2015년 5월 세계 무역 기구에 소송을 제기했지. 2018년 2월에 열린 1심에서는 과학적 근거가 부족하다는 이유로 한국이 졌어. 하지만 2019년 4월, 최종심인 2심에서는 환경의 영향 때문에 수산물이 오염될 수 있다며 한국의 수입 금지 조치가 정당하다고 판결했어.

WTO

세계화

무슨 뜻일까?

전 세계 여러 나라가 정치, 경제, 사회, 문화, 과학 등 다양한 분야에서 교류가 많아지며 서로 큰 영향을 주고받는 현상을 세계화라고 해. 과학 기술 발달과 교통·통신 발전으로 세계화가 가속화되고 있어.

이렇게 쓰이는 말이야!

세계화를 가장 가까이 느낄 수 있는 분야가 경제야. 제품 하나를 만들 때도 여러 나라가 교류하며 협력하기 때문이지. 예를 들어 우리나라에서 피자 한 판을 구울 때도 밀가루는 미국에서, 치즈는 덴마크에서, 햄은 프랑스에서 수입해 온 재료를 사용해. 인터넷과 소셜 네트워크 서비스(SNS)로 인해 정보 사회가 되면서 문화적 측면의 세계화도 눈에 띄게 속도를 내고 있어. 한국의 유명 아이돌 그룹이 미국 방송에 등장하고, 한국식 프라이드치킨이 본고장인 미국에서 잘 팔리는 게 대표적인 사례야.

참고 10. 교류, 49. 세계 무역 기구(WTO), 72. 자유 무역 협정, 77. 정보 사회

생각해 봐요!

세계화와 양극화

세계화로 인해 다양한 제품을 이용하며 더욱 풍족한 삶을 누릴 수 있고, 문화 교류가 늘어나 사회적인 발전을 이룰 수 있으며, 지구촌에 일어나는 여러 문제를 지혜롭게 해결할 수 있어. 하지만 선진국 기업들이 인건비가 더 싼 후진국을 찾아다니다 보니, 후진국의 경제 성장은 어려워져. 또 선진국의 문화 상품이 후진국에서 소비되다 보니, 후진국의 고유문화가 사라지는 일도 있어.

세계화로 인해 국가 간 양극화, 계층 간 양극화가 심화됐다는 얘기도 그런 이유에서 나오고 있어.

수도권

무슨 뜻일까?

수도권(머리 수 首, 도읍 도 都, 범위 권 圈)은 한 나라의 수도를 중심으로 이루어지는 대도시권을 뜻해. 우리나라의 경우 서울특별시와 인천광역시, 경기도를 포함한 지역을 말하지. 서울을 비롯해 영국의 런던, 프랑스의 파리, 일본의 도쿄와 그 주변 도시는 각 나라의 정치·경제·사회·문화의 중심지야.

이렇게 쓰이는 말이야!

수도권은 우리나라의 정치 중심지일 뿐 아니라 경제·사회·문화 등 다양한 역할을 선도하고 있어. 수도권에는 전국 인구의 48%, 지역 생산액의 48%, 제조업 종사자 47%가 몰려 있어. 또한 전국 병·의원의 50%, 대학의 40%가 위치해 있지. 수도권에는 많은 일자리와 함께 편리한 시설(편의 시설) 등이 몰려 있기 때문에 인구가 계속 늘어났어. 그러다 보니 전 국토의 12%에 불과한 수도권에 너무 많은 인구와 기능이 몰려 있다는 비판도 있어.

참고 26. 도시 분포, 66. 인구 밀도, 67. 인구 분포

수도권 집중 현상

수도권에 너무 많은 인구와 기능이 몰리다 보니 비싼 집값, 출퇴근 교통 혼잡, 수질·대기 오염 등 많은 문제가 발생했어. 이에 정부는 인구가 더 몰리지 않도록 수도권에 공장을 짓기 힘들게 제한하기 시작했어. 하지만 기업 입장에서는 젊은이들이 많이 사는 수도권에 공장과 연구 개발 시설을 지어야 세계적인 기업들과의 경쟁에서 유리해. 공장을 수도권에 짓지 못할 바에는 다른 나라로 가겠다는 기업도 생겼어.

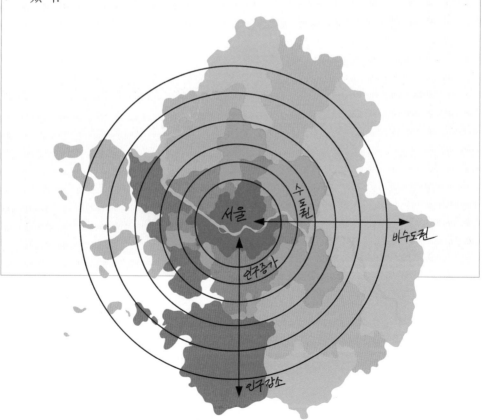

시장

무슨 뜻일까?

시장은 물건을 사고파는 곳이야. 기업이 시장에 생산품을 제공하면, 가계는 기업의 생산품을 구입하면서 경제 활동이 이뤄지지.

이렇게 쓰이는 말이야!

시장에서는 가계와 기업이 경제 활동을 해. 가계는 필요한 물건을 더 싸게 사려고 노력하지. 기업은 더 많은 이윤을 얻기 위해 소비자의 입맛에 맞는 물건을 만들어 시장에 내놓으려 노력한단다. 소비자는 전통 시장, 대형 마트, 백화점 등에서 직접 물건을 고를 수 있어. 또는 TV, PC, 스마트폰을 통해 홈쇼핑, 인터넷 쇼핑을 할 수 있지. 이처럼 가계와 기업이 만날 수 있도록 연결하는 전통 시장, 대형 마트, 백화점, 홈쇼핑, 인터넷 쇼핑 등에서 이루어지는 일을 유통업(유통 산업)이라고 해.

참고 1. 가계와 기업, 5. 경제 성장, 6. 경제적 양극화, 7. 경제 활동

생각해 보요!

시장에서는 물건만 팔까?

　시장은 사려고 하는 사람(가계)과 팔려고 하는 사람(유통업자)이 정보를 주고받으며 서로가 원하는 가격을 찾아 거래하는 곳이야. 옷, 음식, 자동차 등 거래되는 물건도 다양하지. 시장에서 물건만 파는 것은 아니야. 회사의 주인임을 나타내는 증서인 주식을 사고파는 주식 시장, 다른 나라의 돈을 사고파는 외환 시장, 집이나 땅을 사고파는 부동산 시장도 있어. 심지어는 일하는 사람들을 소개해 주는 인력 시장도 있지.

신도시

무슨 뜻일까?

넓은 의미로는 계획에 의해 새로 개발된 도시를 뜻해. 좁은 의미로는 인구가 아주 많은 대도시의 인구 분산을 목적으로 새롭게 건설된 도시를 말하지.

이렇게 쓰이는 말이야!

서울에 인구가 몰리기 시작하면서 주택이 부족하고 교통 혼잡이 극심해지는 부작용이 생겼어. 이 같은 문제를 해결하기 위해 1980년대부터 경기도에 신도시를 건설해 인구와 기능을 분산해 왔어. 주택 부족 문제를 해결하기 위한 신도시로 경기도 성남시의 분당, 경기도 고양시의 일산 등이 건설됐어. 과거 서울 구로 공단 등에 몰려 있던 공업 기능을 분산시키기 위해서는 경기도 안산시의 시화 공단 등 해안가 간척지가 신도시로 개발되었지.

세종특별자치시는 2000년대 이후 인구가 줄어드는 지방의 발전을 위해 정부가 의도적으로 정부 기관이나 공기업을 이전시켜 만든 대표적인 신도시야.

참고 2. 간척지, 18. 균형 발전, 26. 도시 분포, 51. 수도권, 67. 인구 분포

신도시와 도시의 재개발

신도시 개발을 하려면 넓은 산과 들을 굴착기로 갈아엎고 콘크리트로 아파트와 빌딩을 짓게 되지. 그 과정에서 그 땅에 살던 고라니나 다람쥐 같은 동물들이 살 곳을 잃게 돼. 그래서 정부는 대도시 주변을 둘러싼 산과 들을 '그린벨트(개발 제한 구역)'로 묶어 개발을 막고 있어. 하지만 가끔 그린벨트를 풀어 그 땅에 신도시를 짓기도 해.

신도시를 새로 만드는 것보다 오히려 오래된 도시를 재개발하는 게 효율적이라는 주장도 있어. 서울, 부산, 대전 등 대도시의 구시가지는 층수가 낮은 오래된 건물이 즐비하지. 이런 건물들을 높은 빌딩이나 아파트로 다시 지어 많은 사람들이 살고 일하게 하자는 거야.

경기도
분당 신도시
건설
1989

아메리카

무슨 뜻일까?

태평양의 동쪽, 대서양의 서쪽에 위치한 큰 대륙이 아메리카야. 미국(2019년 기준 인구 3억 2909만 명), 캐나다(3728만 명), 멕시코(1억 3233만 명)가 속한 북아메리카와 브라질(2억 1239만 명), 아르헨티나(4510만 명), 페루(3293만 명) 등이 있는 남아메리카로 나뉘어.

이렇게 쓰이는 말이야!

이탈리아 출신이지만 스페인 왕가의 지원을 받은 탐험가 크리스토퍼 콜럼버스(1451~1506)가 처음 신대륙에 도착해 그 존재를 서양에 알렸어. 이후 이탈리아 항해가 아메리고 베스푸치(1454~1512)가 기록을 남겨 '아메리카'란 이름이 붙었지. 이후 1500년대 스페인 정복자들은 원주민들을 잔혹하게 다루며 정복지를 늘려 갔어. 압도적인 군사력과 이들이 옮겨 간 천연두 같은 전염병 때문에 원주민들이 많이 죽었어. 멕시코 주변의 마야 문명과 아스테카 문명, 페루 칠레 지역의 잉카 문명 등 찬란한 문명들이 사라졌지.

참고 10. 교류, 55. 아시아, 56. 아프리카, 60. 5대양 6대륙, 63. 유럽, 64. 유럽 연합

아마존의 눈물

　세계에서 가장 긴 강인 아마존강 주변의 땅을 아마존이라고 불러. 대부분은 브라질 영토에 속하지만 주변의 베네수엘라, 콜롬비아, 에콰도르, 페루, 볼리비아, 파라과이 등도 아마존강에 접해 있어. 남미 대륙 면적의 3분의 1을 차지하고, 한반도의 30배나 될 정도로 넓은 땅이야. 이곳은 세계에서 가장 다양한 생물들이 사는 열대 우림이야. 지구에서 만들어지는 산소의 4분의 1이 이곳에서 나와 '지구의 허파'라고 불릴 정도야. 하지만 주변 나라들이 발전소를 짓기 위해 댐을 건설하고, 벌목을 해서 내다 팔고, 나무를 태운 후 소를 기르고, 유전 개발을 하기 위해 숲을 파헤쳐서 빠른 속도로 아마존 밀림이 사라지고 있어.

아시아

55.

무슨 뜻일까?

유럽의 동쪽, 태평양의 서쪽에 위치한 지구에서 가장 큰 대륙을 아시아라고 해. 세계 육지 넓이의 약 30%를 차지하고, 세계 인구의 60%가 살고 있어.

이렇게 쓰이는 말이야!

아시아는 크게 한국과 중국·일본이 있는 동북아시아, 베트남·라오스·캄보디아·타이·미얀마·말레이시아·인도네시아·필리핀 등 태평양 열대 지방에 위치해 있는 동남아시아, 인도·파키스탄·방글라데시와 인도양 섬나라가 포함된 남아시아, 중국 서쪽과 인도 북쪽에 위치한 중앙아시아, 아시아의 서쪽 끝이자 중동이라고도 불리는 터키·사우디아라비아·이스라엘 등의 서아시아로 분류할 수 있어.

땅덩어리가 넓고 인구가 많은 대륙인 만큼 아시아의 나라들은 문화와 종교, 정치 체제가 아주 다양해.

참고 10. 교류, 27. 동남아시아 국가 연합, 54. 아메리카, 56. 아프리카, 60. 5대양 6대륙, 63. 유럽

생각해 봐요!

러시아는 유럽일까, 아시아일까?

  사실 유럽 대륙과 아시아 대륙은 육지로 이어져 있어. 그래서 둘을 합쳐 '유라시아 대륙'이라고도 부르지. 유라시아 대륙에 걸쳐 길게, 무려 7700㎞나 이어져 있는 나라가 바로 러시아야. 사실 우리나라의 세종 대왕처럼 러시아 역사를 크게 바꿔 놓은 황제인 표트르 대제(Peter I the Great, 1672~1725) 이전까지만 해도 러시아는 스스로를 유럽보다 우월하고 차별적인 존재로 여겼어. 종교도 당시 유럽의 카톨릭과 뿌리는 같으나 다른 방식의 동방 정교회를 믿었지. 그러나 표트르 대제가 사회 문화를 유럽식으로 바꾸면서 유럽이라는 인식이 강해졌어. 지리적으로는 시베리아와 극동(블라디보스토크 같은 도시가 있어)은 아시아로 구분돼. 러시아는 유럽이면서도 아시아인 셈이지.

아프리카

무슨 뜻일까?

유럽의 남쪽, 아시아의 서쪽 그리고 대서양과 인도양 사이에 위치한 대륙이야. 세계에서 아시아 다음으로 큰 대륙이 아프리카야.

이렇게 쓰이는 말이야!

아프리카에는 세계 최대 사막인 사하라 사막이 있어. 사하라 사막을 기준으로 북부 아프리카와 중남부 아프리카로 나뉘지. 모로코, 알제리, 리비아, 이집트 등 북부 아프리카에는 대부분 백인이 살고, 이슬람교를 주로 믿어. 반면 중남부 아프리카에서는 흑인이 대부분이야. 민족, 언어, 종교, 문화가 무척 다양하지. 남쪽 끝 남아프리카공화국은 1991년까지 백인이 흑인을 차별하면서 지배하기도 했어. 아프리카는 우리가 좋아하는 '동물의 왕국'을 촬영하는 세렝게티 국립공원이 있는 곳이기도 해. 아프리카에는 54개 국가에 약 10억 명 이상의 인구가 살고 있어.

참고 10. 교류, 27. 동남아시아 국가 연합, 29. 문화 다양성, 54. 아메리카, 55. 아시아, 60. 5대양 6대륙, 63. 유럽

아프리카와 공정 무역

　어린이들이 좋아하는 초콜릿은 럭비공저럼 생긴 카카오 열매의 씨 앗인 카카오 콩을 원료로 해. 아프리카 중부와 남부 지역에 있는 대규 모 카카오 농장에서는 수십만 명의 어린이들이 이 열매를 따는 일을 하고 있어. 이에 공정 무역(Fair Trade)을 하는 기업들은 아프리카 어 른들에게 제값을 주고 일을 하게 하는 한편, 그 자녀들이 억지로 일터 에 나가지 않는다는 조건을 달고 더 비싼 돈을 주고 카카오 콩을 사 온단다. 그래서 공정 무역을 거친 상품들은 일반 제품에 비해 조금 비 싸. 이러한 '착한 소비가 세상을 바꾼다'는 마음으로 공정 무역 제품 을 구매하는 사람들이 많이 있어.

영역

무슨 뜻일까?

한 나라가 다른 나라의 간섭 없이 나라의 중요한 일을 스스로 결정하는 힘을 주권(주인 주 主, 권세 권 權)이라고 해. 이 주권이 미치는 범위가 바로 영역이야. 영토는 땅, 영해는 바다, 영공은 하늘의 영역을 뜻해.

이렇게 쓰이는 말이야!

우리나라 헌법을 보면, 제3조에 '대한민국의 영토는 한반도와 그 부속 도서로 한다'고 적혀 있어. 남한과 북한을 가르는 비무장 지대(DMZ) 북쪽에 있는 북한 땅도 대한민국의 영토야. 국가는 자신의 영역(영토, 영해, 영공)을 지키기 위해 군대를 가지고 있어. 땅을 지키는 육군, 바다를 수호하는 해군, 하늘을 방어하는 공군 등이 있지.

참고 97. 행정 구역

일본은 왜 독도를 자기 땅이라고 우길까?

　영해와 영공은 나라와 나라 사이에 약속한 법인 국제법에 의해 정해져. 영해는 영토에서 가장 멀리 있는 섬에서 12해리(약 22km)까지로, 영공은 영토와 영해 위에 있는 하늘 중에 공기가 있는 대기권까지로 약속돼 있어. 특히 영해 끝 선으로부터 200해리까지 우선적으로 물고기를 잡고, 바닷속 지하자원을 개발할 수 있는 배타적 경제 수역(EEZ)이 설정되지. 역사적으로 우리나라가 독도를 계속 지배해 왔지만, 일본은 일제 강점기 직전에 독도를 자기 나라로 서류상 편입한 것을 근거로 자신들의 땅이라 주장하고 있어. 독도가 일본 땅이 되면 그만큼 영해, 영공, 배타적 경제 수역도 크게 넓어지기 때문이야.

영호남

무슨 뜻일까?

경기도, 충청남도, 경상남도 같은 공식 행정 구역 명칭이 아닌데도 우리나라에는 오래전부터 산이나 호수, 강 등의 자연 환경을 기준으로 지역을 구분하는 명칭이 있었어. 경상남도와 경상북도를 뜻하는 영남, 전라남도와 전라북도를 뜻하는 호남이 대표적이지. 둘을 합쳐 남부 지방을 뜻하는 영호남이라는 말이 생겼어.

이렇게 쓰이는 말이야!

서울과 부산을 잇는 대한민국 최초의 고속 도로인 경부 고속 도로가 1970년 개통되면서, 영남 지역 도시인 부산, 울산, 창원에 수많은 공장이 들어섰어. 영남 지역에 공업이 발달한 이유는 경부 고속 도로를 통해 물건을 나르기 쉽고, 항구가 가까워서 수출이 편리했기 때문이야. 강 하류 지역에 위치해 땅이 비옥하고 평야가 넓은 호남 지역은 옛날부터 곡식이 많이 나는 곡창 지대로 유명했어.

참고 44. 산맥

영남으로 갈까, 호남으로 갈까?

소백산맥은 태백산맥에서 시작해 강원도, 경상도, 전라도를 나누는 산맥이야. 옛날부터 서울에서 경상도 지역으로 넘어갈 때 지나다녔던 소백산맥의 대표적인 고개로 조령(鳥嶺, 문경 새재)이 있는데, '조령의 남쪽'이란 뜻에서 영남이라는 명칭이 유래했다는 얘기가 있어.

호남(湖南)은 호수의 남쪽이란 뜻이야. 여기서 호수는 전북 김제에 있는 벽골제를 뜻한다는 설과 금강의 옛 이름 호강(호수처럼 잔잔한 강이라는 뜻)을 가리킨다는 설이 있지.

예산

59

무슨 뜻일까?

예산(미리 예 豫, 셈할 산 算)은 국가나 단체 등에서 한 해의 수입과 지출을 미리 셈하여 정한 계획을 말해.

이렇게 쓰이는 말이야!

정부(행정부)는 크게 중앙 정부와 지방 자치 단체로 나뉘어. 이들 국가 기관은 해마다 9월 초에 이듬해에 세금 등으로 나라 곳간에 들어올 돈이 얼마인지, 또 국방, 교육, 건설 등 나랏일을 위해 나갈 돈은 얼마인지 계산한 자료를 국회에 제출해. 국회는 이를 꼼꼼히 따져 본 뒤, 줄일 것은 줄이고, 늘릴 것은 늘려서 12월 초에 예산안을 법률로 확정하지. 그런데 예산이라는 것은 다음해에 쓸 돈을 미리 예상해서 계산한 것이라 막상 새해가 시작되면 계획과 달리 돈이 더 들어오거나, 쓸 곳이 많아지곤 해. 이때 예산을 수정해서 추가로 다시 짜는데, 이를 추가 경정 예산이라고 한단다.

참고 8. 공공 기관, 16. 국회, 43. 사회 보장 제도, 78. 정부, 85. 지방 자치체

우리나라 예산은?

대한민국 정부의 예산은 1996년에 100조 원, 2005년에 200조 원, 2011년에 300조 원, 2017년에 400조 원, 2020년에 500조 원을 돌파했어. 이렇게 큰돈이 여러 곳에 쓰이다 보니, 쓰이는 곳이 분명하지 않은 돈은 '예산 낭비'라는 말도 들어.

5대양 6대륙

60.

무슨 뜻일까?

대양(클 대 大, 큰 바다 양 洋)은 말 그대로 세계의 해양 가운데 특히 넓은 해역을 차지하는 대규모의 바다를 뜻해. 대륙(큰 대 大, 땅 륙 陸)은 지구 표면에 있는 아주 넓은 면적의 육지를 말해. 지구에는 5개의 대양과 6개의 대륙이 있어. 이를 줄여서 5대양 6대륙이라고 표현해.

이렇게 쓰이는 말이야!

지구 면적의 70% 가량이 바다인데, 가장 큰 바다인 태평양을 비롯해 대서양, 인도양, 북극해, 남극해를 5대양이라고 해.

대륙 중 육지 넓이의 30%를 차지하는 아시아가 가장 큰 대륙이야. 아시아와 붙어 있는 유럽은 좁은 면적에 많은 나라들이 있어. 아시아 다음으로 큰 대륙은 아프리카야. 북아메리카(북미)와 남아메리카(남미)는 17~19세기에는 유럽 여러 나라의 식민지였어. 가장 작은 대륙인 오세아니아는 오스트레일리아(호주)와 뉴질랜드 그리고 태평양의 작은 섬나라들로 이루어져 있어.

참고 54. 아메리카, 55. 아시아, 56. 아프리카, 63. 유럽, 95. 표준시

대륙이 움직인다고?

지구본을 자세히 보면 남아메리카 대륙의 동쪽 해안선과 아프리카 대륙의 서쪽 해안선의 모습이 매우 비슷해. 남아메리카 대륙과 아프리카 대륙에서 똑같은 생물 화석이 발견되기도 했지. 또 북아메리카 대륙과 유럽 대륙의 지질 구조는 매우 비슷해. 지금은 적도 근처에 있는 인도에서 극지방에나 있을 법한 빙하의 흔적을 찾아볼 수 있어.

하나로 붙어 있던 대륙이 수억 년에 걸쳐 서서히 떨어져 나갔다는 이론으로만 설명될 수 있는 현상이지. 과학자들은 대륙이 맨틀(500℃ 이상의 뜨거운 암석) 위에 떠다니기 때문에 일 년에 수 센티미터씩 움직인다고 설명해.

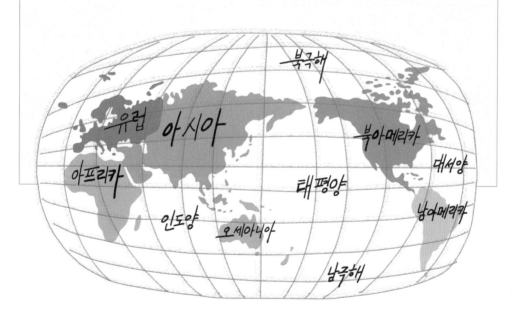

61. 원산지와 생산지

무슨 뜻일까?

원산지(근원 원 原, 낳을 산 産, 땅 지 地)는 물건의 생산지 또는 동식물이 맨 처음 자라난 곳을 뜻해. 생산지(태어날 생 生, 낳을 산 産, 땅 지 地)는 어떤 물품을 만들어 내는 곳이야.

이렇게 쓰이는 말이야!

앞에서 본 사전적인 뜻으로는 원산지와 생산지가 비슷한 개념 같지만 약간의 차이가 있어. 예를 들어 마트에서 북어를 샀을 때 '원산지: 러시아, 생산지: 국내산'으로 표시돼 있는 것을 볼 수 있어. 원료는 러시아산이고 가공은 우리나라에서 했다는 뜻이지.

경제 규모가 커지고 수입 농수산물이 많이 들어오기 시작하자 우리나라에서는 1991년 7월 1일부터 농산물의 원산지 표시 제도를 시행하기 시작했어.

참고 10. 교류, 38. 보호 무역, 49. 세계 무역 기구(WTO), 72. 자유 무역 협정

생각해 보요!

원산지 표시 제도가 없다면

우리나라뿐 아니라 미국, 유럽 연합(EU), 일본 등 대부분의 나라에서 원산지 표시 제도를 운영하고 있어. 원산지 표시 제도가 생기기 전에는, 예를 들어, 중국에서 값싼 통마늘을 수입해 한국에서 껍질을 깐후 깐 마늘로 팔면서 소비자들에게는 '국산'이라고 주장했지. 중국산통마늘 수입이 급증하다 보니 결과적으로 마늘을 재배하는 수많은한국 농민들이 피해를 봤어. 또 깐 마늘이 중국산인지 국내산인지 구별하기 힘든 소비자 입장에서는 국내에서 자란 품질 좋은 국산 마늘을 살 기회를 놓친 셈이야.

유네스코
(UNESCO)

무슨 뜻일까?

유네스코(UNESCO, United Nations Educational, Scientific and Cultural Organization)는 영어 이름에서 알 수 있듯 교육, 과학, 문화 보급과 교류를 통해 국가 간 이해와 협력을 증진하는 목적으로 1946년에 설립된 국제 연합의 전문 기구야.

이렇게 쓰이는 말이야!

유네스코는 모든 인류를 위한 평생 교육, 인류에 기여하는 과학, 세계 유산 보호와 창의성을 바탕으로 하는 문화 발전을 활동 목표로 두고 있어. 교육 분야에서는 초등 의무 교육 보급을 지원하고 난민에게 교육받을 기회를 제공해. 과학 분야에서는 생물학·해양학·환경 문제에 대한 국제적인 연구를 하고, 개발 도상국의 정보 통신 시설 구축을 지원하지. 문화 분야에서는 가치 있는 문화 유적과 세계 각국의 독특한 전통문화 보존을 지원해.

참고 14. 국제 갈등, 15. 국제 연합, 22. 난민

유네스코 세계 문화유산이란?

유네스코가 인류 전체를 위해 보호할 가치가 있다고 인정한 유물이나 유적, 무형 문화재를 뜻해. 유네스코는 자연 재해, 기후 변화, 전쟁 등으로 파괴될 위험에 처한 세계 문화유산을 보존하고 관리하는 것을 돕고 있어. 이집트의 피라미드, 그리스의 아크로폴리스, 중국의 만리장성, 이탈리아의 피사의 사탑 등은 널리 알려진 세계 문화유산이지. 우리나라에는 경주 불국사와 석굴암, 수원 화성과 함께 강릉 단오제, 씨름 등의 세계 문화유산이 있어.

유럽

무슨 뜻일까?

아시아의 서쪽, 아프리카의 북쪽, 대서양을 사이에 두고 북아메리카의 동쪽에 있는 대륙을 유럽이라고 해. 다른 대륙에 비해 작은 나라들이 많이 모여 있지.

이렇게 쓰이는 말이야!

유럽은 지역에 따라 국가별 특색이 달라. 스웨덴(2019년 기준 인구 1005만 명), 핀란드(556만 명), 노르웨이(540만 명) 등 북유럽 국가는 '요람에서 무덤까지' 국민 생활 수준을 보장하는 복지 국가로 유명해. 스페인(5600만 명), 포르투갈(1025만 명), 이탈리아(5921만 명), 그리스(1112만 명) 등 남유럽 국가는 지중해에 위치한 해양 국가로, 과거에 여러 나라를 정복한 강국이었어. 영국(6696만 명), 독일(8244만 명), 프랑스(6548만 명) 등 서유럽 국가는 1800년대 이후 산업 혁명을 주도해 경제 강국이 되었어. 폴란드(3803만), 체코(1063만), 헝가리(965만) 등 동유럽 국가는 1945년부터 1989년까지 공산주의 국가 소련(소비에트 유니언, 지금의 러시아) 영향하에 있었어.

참고 10. 교류, 54. 아메리카, 55. 아시아, 56. 아프리카, 64. 유럽 연합, 95. 표준시

빼앗아 간 유물을 전시한다고?

영국의 대영 박물관과 프랑스 루브르 박물관에는 이집트, 그리스, 로마 등 세계 각지에서 가져온 진귀한 고대 유물들이 전시돼 있어. 이집트에서 가져온 람세스 2세의 흉상이나 그리스 밀로에서 가져온 비너스상 등이 대표적이지. 이 박물관의 동양관에는 한국의 구석기 유물부터 조선 후기 백자까지 다양한 유물이 있어. 영국과 프랑스는 한때 유럽 전역과 아프리카, 동남아시아를 지배한 경험이 있어. 박물관의 많은 해외 유물들이 이때 약탈해 간 것들이야.

1866년, 프랑스군이 강화도에서 가져간 조선 왕실 관련 서적 수백 권은 2011년 '5년마다 계약을 연장할 수 있는 형태'로 우리나라 박물관으로 돌아왔어. 하지만 소유권은 여전히 프랑스 정부에 있지.

유럽 연합 (EU)

무슨 뜻일까?

수백 년 동안 독일, 프랑스, 영국, 이탈리아 등 유럽 여러 나라는 크고 작은 전쟁을 치렀어. 이에 '하나의 유럽을 만들면 전쟁을 없앨 수 있다'는 구상을 시작했지. 가장 먼저 경제적으로 하나가 되기 위한 유럽 공동체(EC)가 1967년에 탄생했어. 유럽 공동체 소속 12개 나라는 경제뿐 아니라 정치적으로도 통합하기 위해 '마스트리히트 조약'에 합의했고, 1993년 이 조약에 따라 출범한 연합 기구가 유럽 연합(European Union)이야.

이렇게 쓰이는 말이야!

유럽 연합 소속 28개 국가는 정치, 경제적인 문제가 있을 때 회의를 통해 공동으로 해결책을 찾아. 또 이들 가운데 21개 국가는 자국의 화폐를 없애고 유로화라는 돈을 쓰고 있어. 1999년 이전 프랑스는 '프랑', 독일은 '마르크'라는 자국 화폐가 있었지만 1999년 1월 1일부터는 유로화를 쓰고 있어.

참고 15. 국제 연합, 27. 동남아시아 국가 연합, 63. 유럽

생각해 봐요!

유럽 연합을 떠나려는 영국

원래 한 나라의 국민이 다른 나라의 국경을 넘을 때는 여권을 보여 주면서 신분을 확인받고, 위험한 물건이 없다는 사실을 보여 줘야 해. 하지만 유럽 연합은 하나의 큰 나라이기 때문에 유럽 연합 소속 국민 들은 연합 내에서 자유롭게 이동할 수 있어. 프랑스에서 독일로 이동 할 때 국경 검문이 없는 이유지. 영국의 일부 국민들은 다른 가난한 유럽 국가에서 온 사람들이 싼 값에 노동력을 제공하는 바람에 자신 들의 일자리가 없어졌다고 불만이 많았어. 2016년 6월, 국민 투표 결 과 '유럽 연합 탈퇴' 의견이 더 많아 현재 영국은 유럽 연합을 떠날 준 비를 하고 있어. 이를 영어로 브렉시트(Brexit, 영국을 뜻하는 Britain 과 탈퇴를 뜻하는 Exit를 합친 말)라고 해.

인공 지능 (AI)

무슨 뜻일까?

인공 지능(AI, Artificial Intelligence)이란 컴퓨터가 인간처럼 배우고 판단해 스스로 행동하는 기술이야. 인공 지능을 통해 컴퓨터나 로봇이 인간처럼 지능적인 행동을 하게 돼.

이렇게 쓰이는 말이야!

지난 2016년, 바둑 기사 이세돌 9단과 인공 지능 '알파고'의 대결은 전 세계를 놀라게 했어. 많은 사람들의 예상을 뒤엎고 4승 1패로 알파고가 압도적인 승리를 거뒀기 때문이지. 알파고는 인간이 했던 거의 모든 바둑 경기를 학습한 다음에, 상대방이 어떤 수를 둘 지 예측하는 식으로 프로그램화됐어. 지금의 인공 지능은 알파고처럼 저장된 정보를 바탕으로, 정해진 상황에서 작업을 수행하는 수준이야. 하지만 앞으로는 문제 상황을 스스로 파악한 후 해결책을 만들어 내고, 자신의 의견도 표현하는 인공 지능이 등장할거야.

참고 4. 개인 정보, 41. 사이버 폭력, 73. 자율 주행 자동차, 77. 정보 사회

인공 지능 개발, 여기서 멈춰야 할까?

지난 2019년 2월, 미국의 한 인공 지능 연구 기업은 소설 '반지의 제왕'에 버금가는 글을 쓸 정도로 뛰어난 실력을 갖춘 인공 지능 기술을 시중에 팔지 않기로 결정했어. 개발 과정에서 이 인공 지능 컴퓨터가 어려운 학교 숙제, 가짜 연예 뉴스까지 모든 종류의 작문을 완벽하게 해냈기 때문이야. 만약 나쁜 마음을 먹은 사람이 이러한 인공 지능 기술을 활용할 경우, 대학 입학이나 회사 입사 시험에 사람 대신 인공 지능이 쓴 글을 제출할 수도 있어. 이와 같은 부작용을 우려해서인지, 지금 미국과 캐나다 등 인공 지능 선진국에서는 '더 늦기 전에 인공 지능 개발을 멈추자'는 주장도 나오고 있어.

인구 밀도

무슨 뜻일까?

일정 지역에 사는 사람의 총수를 인구(사람 인 人, 입 구 口)라고 해. 밀도는 일정한 공간 안에 물질이나 대상이 얼마나 많이 차 있는지를 뜻해. 인구 밀도는 일정한 넓이(보통 1㎢) 안에 거주하는 인구 수로 인구의 밀집 정도를 나타내지.

이렇게 쓰이는 말이야!

대도시 지역의 인구 밀도는 매우 높고, 농어촌이나 산지 지역의 인구 밀도는 낮아. 예를 들어 2015년 서울특별시에는 1㎢ 안에 사람들이 1만 6340명이나 살았지만, 강원도에서는 1㎢ 안에 90명밖에 살지 않았어.

국토가 넓어지기 힘들기 때문에(물론 간척 사업 등을 통해 국토 면적이 늘어나기는 하지만) 우리나라는 시간이 갈수록 인구 밀도가 높아졌어. 1970년 1㎢ 당 320명에서 1990년 438명, 2010년 486명, 2015년 509명까지 증가했으니까.

참고 51. 수도권, 67. 인구 분포, 68. 인구 피라미드

인구가 많은 나라와 인구 밀도가 높은 나라

　세계에서 가장 인구가 많은 나라는 어디일까? 2019년을 기준으로 중국이 14억 2천만 명으로 가장 많아. 다음은 13억 7천만 명의 인구를 자랑하는 인도이고. 세계 인구가 77억 명이라고 하니 이들 두 나라 인구가 전 세계 인구의 3분의 1을 차지하는 셈이야. 세번째로는 이들보다 훨씬 적은 미국(3억 3000만 명)이야. 우리나라는 약 5200만 명으로 세계 28위란다. 도시 하나가 곧 국가인 도시 국가는 인구 밀도가 높은 편이야. 프랑스 남쪽에 위치한 도시 국가 모나코의 인구 밀도는 $1km^2$당 1만 8천 명이 넘는다고 해. 동남아의 도시 국가 싱가포르도 7천 명이 넘지. 도시 국가가 아닌 나라 중에는 방글라데시가 천 명이 넘어 세계에서 가장 인구 밀도가 높은 나라로 통해.

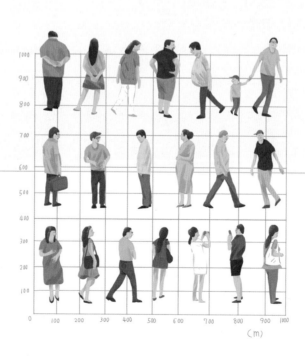

인구 분포

무슨 뜻일까?

사람들이 어느 곳에 얼마나 모여 살고 있는지 나타낸 것을 인구 분포라고 해. 인구 분포를 지도에 나타내는 것을 인구분포도라고 하고. 점 한 개당 사람 수를 정해 지도에 점을 찍거나, 인구가 많은 곳일수록 진한 색을 쓰는 방식으로 인구분포도를 만들어.

이렇게 쓰이는 말이야!

1960년대 이전까지 우리나라의 인구 분포는 지형, 기후 등 자연 환경의 영향을 받았어. 벼농사 중심의 농업 사회였기 때문이지. 농사지을 땅이 넓은 남서쪽 평야 지역(경기도, 충청남도, 전라도, 경상남도)에는 사람들이 많이 모여 살아 인구 밀도가 높았어. 반면 북동쪽 산악 지역인 함경도와 강원도에서는 지형의 영향으로 상대적으로 인구가 적었어.

1960년대 이후로는 산업, 교통 같은 경제적 조건이 인구 분포에 많은 영향을 주게 되었어. 현재 인구가 가장 밀집한 지역은 수도권이야.

참고 51. 수도권, 66. 인구 밀도

생각해 봐요!

인구 분포의 지나친 불균형

우리나라 인구 가운데 절반가량이 수도권(서울, 경기, 인천)에 모여 살아. 또 부산, 대구, 광주, 대전, 울산 등 광역시까지 포함하면 전체 인구의 약 70%가 대도시에 몰려 있단다. 인구가 대도시에만 지나치게 몰려 있기 때문에 다양한 문제가 생기지. 인구가 너무 많은 지역에는 살 집이 부족하고, 교통이 혼잡하며 환경 오염이 심해.

반면 인구가 줄어드는 농어촌 지역에서는 수익을 내기 힘들어 병원, 마트 등 편의 시설이 적어지고 있어. 또 일손이 적다 보니 공장도 사라지면서 그나마 남아 있던 젊은이들마저 도시로 나가, 인구가 더욱 감소하는 '악순환'이 이어지고 있어.

68. 인구 피라미드

무슨 뜻일까?

특정 지역이나 나라의 연령별, 남녀별 인구를 피라미드 모양으로 나타낸 그래프를 뜻해. 가로축은 남녀 인구 비율을 나타내고, 세로축은 연령을 아래에서 위로 5세 간격으로 표시해. 연령별 인구 구성에 따라 인구 피라미드의 모양이 달라지지. 젊은 층이 많을수록 삼각형의 피라미드 모양이 된단다.

이렇게 쓰이는 말이야!

우리나라의 인구 피라미드는 시대별로 변화가 커. 60, 70년대만 해도 피라미드란 말 그대로 똑바로 선 삼각형 모양이었어. 어린이와 청소년 인구가 많았기 때문이지. 하지만 90년대부터는 종 모양으로 바뀌었어. 60, 70년대에 비해 태어나는 아기가 줄었기 때문이지. 2010년 후반부터는 항아리 모양에 가까워지기 시작했어. 태어나는 아기는 더 줄어든 데다 60, 70년대에 태어난 40, 50대 비중이 높아졌기 때문이지.

참고 51. 수도권, 66. 인구 밀도, 75. 저출산 고령화

시대별로 확 달라진 인구 정책

　부모님께 여쭤 보면 '아들 딸 구별 말고 둘만 낳아 잘 기르자', '둘도 많다'라는 구호를 아실 거야. 1970년대부터 대한 가족계획 협회라는 곳에서 아이를 적게 낳자며 만든 포스터에 붙은 구호란다. 이런 구호가 1990년대 후반까지 있었어.

　여성 한 명이 임신을 할 수 있는 기간 동안 평균적으로 몇 명의 아이를 낳는지를 나타내는 합계 출산율은 이미 1990년대에 1.5명 수준으로 떨어져 있었어. 남자 1명, 여자 1명이 결혼해 아이를 1.5명 낳는다면 20~30년 뒤 인구는 줄어들 게 뻔하지. 아주 단순한 계산으로도 알 수 있었는데도, 1990년대에 '둘도 많다'는 엉뚱한 구호를 외치고 있었던 거야.

인권

무슨 뜻일까?

인권(사람 인 人, 권세 권 權)은 사람이 태어나면서부터 누리는 기본적인 권리를 뜻해. 성별, 나이, 외모 등에 상관없이 사람이면 누구나 당연히 갖는 권리를 말해.

이렇게 쓰이는 말이야!

인권은 사람이라면 당연히 누리는 권리이기 때문에, 어떤 이유로든 권리를 침해당해서는 안 돼. 장애인을 위해 계단 옆에 경사로를 만들고, 노약자를 위해 지하철에 승강기를 설치하는 것은 이러한 인권을 존중하는 예야. 민주 국가는 모두 헌법에 인권에 관한 조항을 갖고 있어. 대한민국 헌법 10조 역시 '모든 국민은 인간으로서의 존엄과 가치를 가지며, 행복을 추구할 권리를 가진다. 국가는 개인이 가지는 불가침의 기본적 인권을 확인하고 이를 보장할 의무를 진다'라고 규정하고 있어.

참고 19. 기본권, 70. 인종 차별, 90. 차별과 편견

유엔 세계 인권 선언

참혹한 전쟁이었던 2차 세계 대전(1939~1945)이 끝나고, 1945년 10월 유엔(United Nations)이 탄생했어. 유엔은 전쟁 기간에 벌어진 유태인 학살, 포로 및 민간인 학대 등 끔찍한 인권 침해에 대한 반성을 바탕으로 1948년 12월 10일 유엔 총회에서 세계 인권 선언을 만들었어. 세계 인권 선언 전문에는 '인권을 무시하고 경멸하는 만행이 과연 어떤 결과를 초래했던가를 기억해 보라. 인류의 양심을 분노케 했던 야만적인 일들이 일어나지 않았던가?' 하고 과거를 반성하는 대목이 있어. 제1조에서는 '모든 사람은 태어날 때부터 자유롭고, 존엄하며, 평등하다. 모든 사람은 이성과 양심을 가지고 있으므로 서로에게 형제애의 정신으로 대해야 한다'라고 규정하고 있지.

70. 인종 차별

무슨 뜻일까?

사람들을 여러 인종으로 나누고, 특정 인종에 대하여 불이익을 주는 것을 인종 차별이라고 해.

이렇게 쓰이는 말이야!

2차 세계 대전(1939~1945) 당시만 해도 많은 나라에서는 특정 인종이 다른 인종보다 더 우월하다고 주장하는 사람들이 있었어. 그런 주장을 내세운 대표적인 인물이 바로 2차 세계 대전을 일으킨 아돌프 히틀러였지. 그는 독일인이 세계에서 가장 우월하기 때문에 세계를 지배해야 한다고 말했어. 당시 일본도 '일본인이 조선인에 비해 인종적으로 우월하다'는 논리를 펴며 식민 지배를 정당화했어. 하지만 1945년 국제 연합(UN)이 출범하고, 1950년 세계 인권 선언이 채택되면서 '모든 인간은 태어날 때부터 자유로우며 그 존엄과 권리에 있어 동등하다'는 생각이 널리 퍼졌어.

참고 14. 국제 갈등, 15. 국제 연합, 19. 기본권, 69. 인권, 90. 차별과 편견

생활 속 인종 차별

　부모님이 학교를 다닐 때는 크레파스에 들어 있는 '살구색', '연한 오렌지색'을 뭐라고 불렀을까? 정답은 '살색'이야. '살색 크레파스', '살색 스타킹'처럼 너무나 흔하게 쓰이는 단어였지. 하지만 백인, 흑인, 동남아인의 피부는 우리의 살색과 달라. 그래서 이제는 더 이상 '살색'이란 표현을 쓰지 않아.

　아직도 편견에 사로잡혀 일상생활 속에서 인종 차별을 하는 사람들을 종종 볼 수 있어. 만약 우리가 다른 나라에서 그런 차별을 받는다면 기분이 어떨까?

71.

자연 재해

무슨 뜻일까?

자연 재해는 피할 수 없는 자연 현상이 사람들의 생명과 재산에 피해를 주는 것을 말해. 홍수, 태풍, 가뭄, 폭염, 폭설, 한파, 지진, 황사 등으로 인한 피해가 자연 재해야. 다만 최근에 자주 언급되는 미세 먼지는 자연 재해로 치지 않아. 미세 먼지 발생의 주원인이 공장이나 자동차 등에서 나오는 매연이기 때문이야. 자연이 아닌 인간이 만든 재해인 셈이지.

이렇게 쓰이는 말이야!

사계절이 뚜렷한 우리나라는 계절마다 발생하는 자연 재해도 달라. 봄에는 주로 황사나 가뭄이 발생해. 황사는 중국이나 몽골 사막에서 불어오는 모래 먼지야. 여름에는 폭염, 홍수, 태풍이 발생해. 폭염은 하루 최고 기온이 33℃ 이상 올라가는 매우 심한 더위를 뜻해. 가을에는 비교적 자연 재해가 적지만 날씨가 건조해져 산불이 자주 발생하기도 해. 겨울에는 한파와 폭설이 찾아오지.

참고 3. 강수량, 20. 기상 특보, 21. 기후, 100. 황사

자연 재해는 모두 나쁜가요?

어떤 자연 재해는 꼭 나쁜 결과만 가져오지 않아. 태풍이 대표적인 사례야. 태풍은 열대 지방에서 더운 공기를 머금은 비구름이 뭉쳐 중위도 지방(적도와 북극 사이)으로 올라오는 현상이야. 덕분에 적도 지방과 극지방의 온도 차이를 줄여 주는 역할을 한단다. 만약 태풍이 없다면 시간이 지날수록 적도와 극지방의 기온 차가 심해져서 지구 생태계가 파괴될 수도 있어. 홍수도 마찬가지야. 오천 년 전 아프리카 이집트의 나일강 유역은 반복되는 홍수로 인해 땅이 비옥해졌어. 농사짓기 알맞은 땅이 되어서 사람들이 모여 살았고, 고대 문명의 발상지가 되었지.

153

72.

자유 무역 협정

무슨 뜻일까?

자유 무역 협정(FTA, Free Trade Agreement)은 나라 간 제품이나 서비스의 자유로운 이동을 위해 세금을 줄이거나 없애고, 법과 제도를 비슷하게 만들어 쉽게 무역을 할 수 있게 만든 약속이야. 2018년을 기준으로 우리나라는 52개국과 자유 무역 협정을 맺고 있어.

이렇게 쓰이는 말이야!

제품이나 서비스가 한 나라의 국경을 넘을 때 붙이는 세금을 관세라고 하는데, 일부러 이 관세를 높이 매겨서 자기 나라에 유리하게 만드는 일이 많아(보호 무역). 예를 들어 똑같은 볼펜 한 자루 값이 미국에선 500원, 일본에선 1000원이라고 하면, 일본에서 미국산 볼펜에 관세를 110% 매기면, 미국산 볼펜 값은 1050원이 되어 잘 팔리지 않겠지. 세계 여러 나라는 자유 무역 협정(FTA)을 맺어 관세 등의 무역 장벽을 낮추고 있어. 보다 자유로운 무역을 해야 국가적으로 이익이 될 것이란 계산 때문이지.

참고 10. 교류, 38. 보호 무역, 49. 세계 무역 기구(WTO), 61. 원산지와 생산지

자유 무역 협정과 우리 생활

　자유 무역 협정을 맺으면 다른 나라의 물건을 싼 가격에 수입할 수 있어. 그래야 다른 나라 제품 생산자와 경쟁하는 우리나라 기업들도 싸고 품질 좋은 물건을 만들려고 노력하겠지? 결과적으로 소비자 입장에서는 다양한 물건을 보다 싸게 살 수 있다는 장점이 있어. 하지만 외국의 농산물과 축산물이 싸게 들어올 경우, 우리나라 농업과 축산업에 종사하는 사람들이 피해를 입을 수밖에 없어. 우리 농축산업자들이 도산하면 다른 나라 상품을 비싼 가격에 살 수밖에 없겠지.

73.

자율 주행 자동차

무슨 뜻일까?

자율 주행 자동차(Autonomous car)는 사람이 차량을 운전하지 않아도 스스로 움직이는 자동차를 말해. 인공 지능(AI), 가상 현실(VR) 등과 함께 일상생활을 바꿀 미래 기술로 꼽히지.

이렇게 쓰이는 말이야!

차에 앉아서 목적지만 말하면 자동차가 스스로 운전해 안전하게 데려다준다면? 아마도 더할 나위 없이 편리할 거야. 이런 모습은 더 이상 영화 속 장면이 아니라 곧 현실 속에서 볼 수 있게 돼. 미국, 유럽, 일본 기업뿐 아니라 우리나라 기업들도 자율 주행차 연구에 속도를 내고 있지. 자동차가 스스로 움직이기 위해서는 여러 첨단 기술이 필요해. 주변 장애물을 인식할 수 있는 다양한 센서, 주변 상황을 촬영하는 여러 대의 카메라, 카메라 정보를 분석하는 영상 처리 장치, 모든 상황을 종합 판단해 결정하는 인공 지능 등. 모두 잘 작동해서 주위의 다른 차나 보행자를 파악하고 안전하게 운행해야겠지.

참고 12. 교통수단, 65. 인공 지능, 83. 증강 현실

4차 산업 혁명과 일상생활의 변화

인공 지능(AI), 자율 주행 자동차, 드론, 증강 현실 등의 기술이 발전해 산업이 발달하고 일상생활도 바뀌는 것을 4차 산업 혁명이라고 해. 20, 30년 뒤에는 운전자 없는 택시를 타고 집에 가서, 드론이 배달해 준 음식을 먹고, 눈앞에서 보는 듯한 3차원 영상으로 미국 친구와 대화를 나눌 수 있을 거야. 현실 친구가 없어도 인공 지능 스피커와 하루 종일 대화하며 즐겁게 놀 수도 있고 말이야. 기술의 발달로 직업도 많이 변할 거야. 택시 운전사, 택배 기사가 사라지고 회계사, 교수 등의 일자리는 줄어들 것으로 보여.

저작권법

무슨 뜻일까?

저작권은 음악, 영화, 게임 등을 만든 사람이 자기 작품에 대한 권리를 갖는 것을 말해. 이러한 저작자의 권리를 보호해 주는 법이 바로 '저작권법'이야.

이렇게 쓰이는 말이야!

사람들이 노래를 들을 때 돈을 내지 않고 인터넷에서 불법으로 내려 받아 공짜로 듣는다면 음원은 잘 팔리지 않게 돼. 음원이 팔리지 않으면 작곡가, 작사가, 가수와 이들이 소속된 엔터테인먼트 회사는 돈을 벌지 못하겠지. 결국 이들은 더 이상 새로운 음악을 만들지 못하고, 소비자는 좋은 음악을 들을 기회를 놓치게 돼. 저작권법은 만든 사람의 권리를 보장하여, 더 새롭고 좋은 작품을 많이 만들 수 있는 여건을 마련하기 위해 꼭 필요해. 우리나라처럼 세계 무역 기구(WTO)에 가입한 나라는 모두 저작권법을 지켜야 한단다.

참고 49. 세계 무역 기구, 65. 인공 지능, 77. 정보 사회

어디까지가 저작권법 위반일까?

인터넷에서 음원이나 영화, 드라마, 예능 프로그램을 허락 없이 돈을 내지 않고 내려 받으면 불법이라는 사실은 알고 있지? 영화관에 가서 스마트폰으로 영화를 몰래 찍거나 허용되지 않았는데 공연장에서 공연을 찍는 것도 불법이야(물론 촬영과 SNS 공유를 허용하는 공연은 괜찮지만). 다른 사람이 쓴 글을 베껴서 허락 없이 다른 곳에 사용하는 것도 저작권법 위반이야. 읽고 있는 책의 내용을 출처를 밝히지 않고 자신의 소셜 네트워크 서비스(SNS)에 올리는 것도 안 돼. 심지어 무용도 창작물이기 때문에 동작을 그대로 따라서 쓰는 것도 불법이야.

저출산 고령화

무슨 뜻일까?

저출산 현상은 태어나는 아이의 수가 적어져서 출산율이 낮아지는 현상을 말해. 고령화 현상은 전체 인구 가운데 만 65세 이상 노인 인구가 차지하는 비율이 높아지는 현상을 뜻해.

이렇게 쓰이는 말이야!

심각한 저출산 고령화는 연령별 인구 구성 변화를 보면 알 수 있어. 우리나라의 14세 이하 유소년층 인구가 전체 인구에서 차지하는 비중은 1970년 42%에서 2017년 13%로 크게 줄었어. 반대로 65세 이상 노년층 인구는 1970년 3.1%에서 2017년 14%로 크게 증가했지. 특히 우리나라는 세계에서 가장 빨리 고령화가 진행되고 있어. 65세 이상 인구가 전체 인구의 7%를 넘으면 고령화 사회라고 하고, 14%를 넘으면 고령 사회라고 부르지. 우리나라는 2000년에 고령화 사회에 진입했고, 2017년에 고령 사회가 됐어.

참고 68. 인구 피라미드, 92. 출산율, 96. 핵가족

노인 연령을 높여야 할까?

정부는 1981년 '노인 복지법'에서 노인 연령을 만 65세로 정했어. 80년대에는 60세가 되면 동네 사람들이 모여 환갑잔치를 벌였어. 하지만 이후 건강한 삶에 대한 높은 관심과 의료 기술 발달로 수명이 점차 늘어나면서 노인들이 스스로 생각하는 노인 연령은 평균 72.5세로 현재 노인 기준과는 큰 차이가 있어.

법적인 노인 연령인 만 65세가 넘으면 기초 연금을 받고, 지하철을 무료로 타고, 고궁이나 박물관에도 무료로 입장할 수 있게 되지. 노인이 너무 많아지면 이러한 '노인 복지 비용'이 크게 늘 테고, 결국 젊은 이들이 더 많은 세금을 내게 돼. 그래서 최근에 '노인 연령을 만 70세로 높이자'는 주장이 나오고 있어.

전통문화

무슨 뜻일까?

한 나라 안에서 발생하여 전해 내려오는 그 나라만의 특성 있는 문화를 전통문화라고 해. 오랜 세월 동안 생활 속에서 지켜 내려온 풍습이지. 우리나라의 전통문화로는 한글, 사물놀이, 비빔밥 등이 있어.

이렇게 쓰이는 말이야!

전통문화는 민족의 과거와 현재 그리고 미래를 연결하는 중요한 연결 고리라고 할 수 있어. 전통문화를 후손들에게 잘 알려 주지 않으면 쉽게 사라지게 돼. 예를 들어 버스나 전철에서 어르신들에게 자리를 양보하는 경로 문화는 우리 고유의 좋은 문화야. 전통문화를 문화 콘텐츠로 활용해 국가 경제를 발전시킬 수도 있어. 예를 들어 뮤지컬 '난타'나 '점프'는 우리 전통 문화를 세계인들이 이해하기 쉽게 표현하여 많은 외국인 관광객들의 호응을 받고 있어. 또한 전통문화는 우리 민족과 국가의 긍정적인 이미지를 높이는 데 기여한단다.

참고 29. 문화 다양성, 30. 문화유산, 62. 유네스코

생각해 봐요!

전통문화를 어떻게 발전시킬까?

전통문화의 고유성을 유지하면서 후손들에게 계승하기 위해서 고궁 생활이나 사찰 문화 체험 프로그램을 만들고, 전통 음식 만들기를 알리기도 하고 있어. 우리 문화유산을 영상 콘텐츠로 제작해 문화재청뿐 아니라 기업들에서도 많이 알리고 있지. 우리의 전통문화를 소재로 한 컴퓨터 게임을 개발하거나 한글을 디자인 요소로 활용한 옷을 만들기도 한단다.

77.

정보 사회

무슨 뜻일까?

정보 사회는 사람들이 소통하면서 가치 있는 정보를 찾아 서로 공유하고, 얻은 정보를 모아 활용해서 다시 새로운 정보를 만드는 사회란다. 그래서 요즘은 데이터 얘기도 많이 나와. 정보를 많이 모아 놓은 것을 데이터라고 부르지.

이렇게 쓰이는 말이야!

우리의 부모님 세대만 해도 정보를 찾으려면 도서관에 가서 전문 서적이나 백과사전을 뒤져야 했어. 하지만 지금은 PC나 스마트폰을 통해 인터넷에서 쉽게 정보를 찾을 수 있지. 수많은 사람들이 자신이 가진 지식을 올리고, 또 이를 다른 사람이 검증해서 만들어지는 온라인 백과사전은 정보 사회의 대표 사례야. 또 태풍, 지진, 산불 등 자연 재해가 발생했을 때 소셜 네트워크 서비스(SNS)를 통해 서로 피해 상황을 공유하고, 피해 복구를 위해 무엇을 해야 하는지 이야기하는 모습도 자주 볼 수 있어.

참고 4. 개인 정보, 41. 사이버 폭력, 65. 인공 지능, 74. 저작권법

산업 사회와 정보 사회

정보 사회 이전에는 산업 사회가 있었어. 산업 사회의 주축인 기업들은 소비자가 어떤 제품을 얼마나 구입할지에 대한 정보가 부족했어. 그래서 소비자가 어떤 것을 좋아하는지 알려면 일일이 종이로 써서 조사를 했었지.

하지만 정보 사회에서는 기업들이 누리집이나 SNS를 통해 소비자의 요구를 쉽게 파악해. 덕분에 다양한 종류의 제품을 소비자가 원하는 만큼만 만들어 공급하는 게 가능해졌어. 작은 기업들도 발 빠르게 움직이다 보니 경쟁은 더 치열해지지.

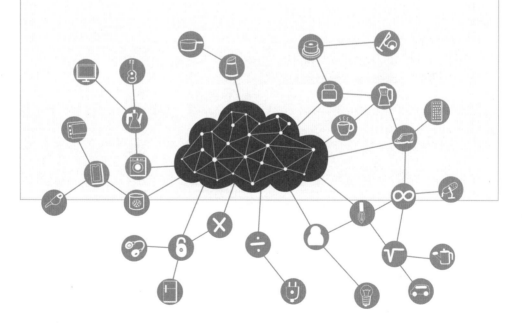

정부 (행정부)

무슨 뜻일까?

법에 따라 나라 살림(행정)을 맡아 하는 곳을 정부라고 해. 나라 살림을 구체적으로 계획한 것을 정책이라고 하는데, 국무 회의에서 정부의 주요 정책을 최종적으로 검토해. 국무 회의에는 정부 최고 통치권자인 대통령, 대통령을 보좌하고 대통령의 명에 따라 정책을 시행하고 관할하는 국무총리, 행정 각 부의 우두머리인 장관들이 참석해. 장관들은 대통령이 임명하고.

이렇게 쓰이는 말이야!

정부는 크게 대통령-국무총리-각 부로 구성돼 있어. 주요 부로는 세금을 걷고 나라에서 쓰는 돈을 관리하는 기획 재정부, 국민의 교육에 관한 일을 책임지는 교육부, 다른 나라와 원만히 지내고 협력하는 정책을 만드는 외교부, 국민의 건강과 안정된 삶을 위한 정책을 만드는 보건 복지부, 나라를 지키는 일을 담당하는 국방부 등이 있어.

참고 16. 국회, 33. 민주주의, 36. 법원, 47. 삼권 분립

생각해 봐요!

나라마다 다른 정부 형태

민주주의 나라 가운데 대통령이 없는 나라도 많아. 영국, 일본 같은 나라는 국회에서 정부의 책임자를 뽑지. 영국에서는 이를 수상, 일본에서는 총리라고 부른단다. 이처럼 국회 의원들이 수상, 총리를 뽑는 제도를 의원 내각제(내각제)라고 불러. 미국은 4년에 한 번 전 국민이 직접 투표로 대통령과 부통령을 뽑아. 우리나라도 1948년 정부 수립 때부터 1960년 4·19혁명 때까지는 대통령-부통령 제도가 있었지만, 이후 대통령-국무총리 제도로 바뀌었어.

79.

주권

무슨 뜻일까?

주권(주인 주 主, 권세 권 權)은 한 나라의 주인으로서 나라의 중요한 일을 스스로 결정하는 권리를 말해. 군주 시대에는 주권을 군주가 가졌지만, 민주주의 국가인 우리나라는 국민이 주권을 가지고 있어.

이렇게 쓰이는 말이야!

국민 주권은 국가의 주인이 국민이고, 국가와 관련한 중요한 결정을 할 최고 권력이 국민에게 있다는 뜻이야. 대한민국 헌법 제1조 제2항도 '대한민국의 주권은 국민에게 있고, 모든 권력은 국민으로부터 나온다'라고 규정하고 있어. 4·19 혁명이나 6월 민주 항쟁은 국민의 주권을 잘 보여 준 사건이야.

참고 19. 기본권, 33. 민주주의, 98. 헌법

국민 주권과 무관심

정치는 사람들이 함께 살아가며 생기는 여러 문제를 원만히 해결해 가는 과정이야. 나라 전체의 문제는 국회에서, 지역의 일은 지방 의회에서 대화와 토론을 통해 타협하고 해결점을 찾아 법을 만들어 가는 게 기본 과정이야. 하지만 자신의 이익만 좇는 몇몇 정치인들 때문에 시민들은 정치에 대한 혐오도 느끼고, 정치에 관심을 두려 하지 않아. 시민들이 정치에 관심을 갖지 않고, 갈등 해결보다는 선동에 관심을 가질 때 히틀러 같은 독재자들이 나타났지. 국민 주권을 잘 지켜 가는 건 결과적으로 우리의 삶을 건강하게 만들어.

주식회사

무슨 뜻일까?

주식회사(株式會社)는 주식이라는 증서를 발행해 모은 돈으로 회사를 세우고 운영하는 회사를 말해.

이렇게 쓰이는 말이야!

회사를 만들 때 돈을 마련하는 데는 두 가지 방법이 있어. 우선 이자를 내고 일정 기간 돈을 빌리는 방식이 있어. 은행에서 대출을 받는 것도 같은 방법이지. 다음으로는 돈을 벌면 나중에 이익을 나눠 주겠다고 약속하고 여러 사람으로부터 돈을 받는 방식(이때 모은 돈을 '자본'이라고 해)이 있어. 약속을 적은 증서를 주식이라고 하는데 보통 1주에 오천 원 정도야. 백 명이 만 원씩, 200개의 주식만 사도 금방 백만 원을 모을 수 있어. 이처럼 나중에 이익을 얻기 위해 자금을 대는 것을 '투자'라고 하고, 주식에 투자한 사람들은 주식의 주인이라는 의미에서 '주주'라고 불러. 주식회사는 이익이 나면 주주들에게 일정 금액을 나눠 주게 되어 있어.

참고 1. 가계와 기업, 7. 경제 활동, 52. 시장

어린이도 주식 투자를 할 수 있을까?

주식회사의 주식은 '증권 거래소'라는 곳에서 매일 거래가 돼. 한국 거래소의 유가 증권 시장이란 곳에서 사고팔 수 있어. 사는 사람과 파는 사람이 원하는 가격이 맞을 때 거래가 이뤄지는데, 이 가격을 '주가'라고 부르지. 주가가 4만 원일 때 사서 5만 원일 때 팔면 만 원을 벌 수 있겠지. 어린이도 주식 투자를 할 수 있어. 다만, 미성년자는 부모님과 함께 증권 회사에 가서 계좌를 열어야 해. 하지만 회사가 경영을 잘 못해서 손해가 났을 경우에는 주가가 크게 떨어지기도 하고, 때로는 회사가 망해서 주식을 산 돈을 하나도 돌려받지 못할 수도 있어. 그래서 주식 투자를 할 때에는 매우 신중해야 해.

중심지

무슨 뜻일까?

중심지(가운데 중 中, 중심 심 心, 땅 지 地)는 어떤 일이나 활동의 중심이 되는 중요한 곳이야. 중심지에는 여러 가지 시설이 있고 많은 사람들이 모이지.

이렇게 쓰이는 말이야!

중심지에는 건물과 사람이 많아서 복잡해. 또 교통이 편리해 사람들이 오고가기 쉽도록 돼 있어. 중심지에는 시청, 군청, 구청 등 공공 기관과 큰 시장, 기차역, 버스 터미널, 병원, 은행, 공연장 등이 있어 사람들로 붐비지. 반대로 중심지가 아닌 곳은 건물과 사람들이 많지 않아 한적해. 사람들은 공공 기관, 병원, 공연장 등 여러 시설을 이용하기 위해, 혹은 필요한 물건을 사거나 교통 시설을 이용하기 위해 중심지로 몰려. 각 지역마다 중심지의 모습은 달라.

참고 26. 도시 분포, 48. 생활권, 51. 수도권, 67. 인구 분포, 85. 지방 자치제

시대에 따라 달라지는 중심지

'구도심'이란 말을 들어본 적 있니? 옛 도시 중심지라는 말인데, 구
시가지라고도 해. 30, 40년 전에는 한 도시의 중심지였지만 이제는 사
람들이 자주 찾지 않는 오래된 건물들만 남아 있는 곳을 구도심이라
고 해. 이처럼 중심지는 시간이 지나면 바뀌게 돼 있어. 서울을 예로
들면 1980년대 초반까지만 해도 서울의 중심지는 광화문, 시청을 중
심으로 한 4대문 안 구도심이었어. 하지만 강남 지역에 큰 도로와 지
하철이 놓이고, 코엑스 컨벤션 센터 등이 개발되고 IT 산업이 발달되
면서 테헤란로 일대가 구도심만큼 중요한 곳으로 떠올랐어.

82. 중화학 공업

무슨 뜻일까?

철을 재료로 비교적 무거운 물건을 만들거나 원유를 이용해 다양한 물건을 만드는 산업이야. 대표적인 중화학 공업으로는 제철(철광석을 녹여 철근, 철판 등을 만드는 산업), 정유(석유를 끓여서 나프타, 휘발유, 경유 등을 만드는 산업), 석유 화학(나프타 등을 활용해 섬유, 플라스틱 등을 만드는 산업), 조선(두꺼운 철판을 자르고 용접해 선박을 만드는 산업), 중공업(금속을 가공해 발전기 등을 만드는 산업) 등이 있어.

이렇게 쓰이는 말이야!

보통 한 나라의 경제 성장은 섬유, 의류, 식품 등 경(가벼울 경 輕)공업을 키운 후 중화학 공업을 발전시키는 방향으로 이뤄져. 경공업 공장을 짓는 데는 자본(돈)이 많이 들지 않는 데다, 원재료와 제품의 수송도 비교적 쉽게 이뤄지기 때문이야. 반면 중화학 공업 공장을 짓는 데는 많은 자본이 들고, 철도·도로·전기 등 다양한 사회 시설이 필요해.

참고 5. 경제 성장 45. 산업

생각해 보요!

중화학 공업은 왜 바닷가에 있을까?

우리나라의 대표적인 중화학 공업 단지로는 포항(제철), 울산(조선, 중공업, 정유), 거제(조선), 여수(정유, 석유 화학), 창원(중공업) 등이 있어. 모두 바닷가에 위치한 도시라는 공통점이 있지. 중화학 공업은 철광석, 석유, 석탄 등 원재료를 모두 큰 배에 실어 와 가공해서 제품을 만들어. 또 철판, 선박, 발전기 등 완성된 제품의 덩치가 크기 때문에 다시 큰 배에 실어 수출해야 해. 결과적으로 항구가 있는 바닷가에 공장이 있을 수밖에 없지. 이와 달리 섬유 공장이나 전자 제품 조립 공장은 노동력이 풍부한 곳에 공장을 만드는 게 유리하기 때문에 대도시 인근에 주로 위치해.

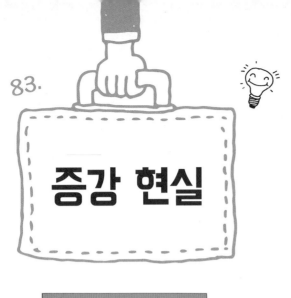

증강 현실

무슨 뜻일까?

증강 현실(AR, Augmented Reality)은 우리 눈으로 보는 현실 공간에 3차원의 가상 물체를 겹쳐서 하나의 영상으로 보여 주는 기술을 뜻해.

이렇게 쓰이는 말이야!

그 유명한 '포켓몬 GO'가 바로 이 증강 현실이 적용된 게임이야. 동네를 지나다가 골목을 향해 카메라를 비추면 골목 안에 가상의 3차원 몬스터가 등장하지? 현실을 보다 증강해(강하게) 보여 주기 때문에 증강 현실이라 불러. 증강 현실은 가상 현실(VR, Virtual Reality)과는 달라. 증강 현실은 현실 속 배경에 가상의 이미지를 덧입히는 데 반해, 가상 현실은 배경과 이미지 모두 가상인 것을 뜻해. 증강 현실과 가상 현실을 혼합한 기술을 혼합 현실(MR, Mixed Reality)이라고 부르기도 해.

참고 5. 인공 지능, 73. 자율 주행 자동차, 77. 정보 사회

생각해 보요!

가상 세계에선 어떤 일이 벌어질까?

　매장에 직접 가지 않고 내 몸에 맞는 옷을 가상으로 입어 볼 수 있는 등 증강 현실이 적용되는 분야가 점점 늘고 있어. 이처럼 삶을 편리하게 해 주지만 문제점 또한 많지. 우선 현실과 가상을 명확히 구분하기 힘든 어린 나이에 증강 현실과 가상 현실에 빠질 경우, 실제 현실 생활에 적응하기 힘들어.

　증강 현실이나 가상 현실 속에서 괴롭힘, 따돌림, 강도질 등 나쁜 행동을 스스럼없이 할 경우 현실에 무감각해지고 어떤 때는 죄책감을 느끼지 않고 범죄를 저지를 수도 있지. 그래서 나쁘게 사용될 수도 있어.

지구 온난화

84.

무슨 뜻일까?

지구 온난화는 지구의 평균 기온이 점점 높아지는 현상을 뜻해. 온난(따뜻할 온 溫, 따뜻할 난 暖)이라는 말 그대로 지구가 점점 따뜻해진다는 말이야.

이렇게 쓰이는 말이야!

18세기 말부터 산업 혁명으로 인해 석탄, 석유 등 화석 연료의 사용이 크게 늘었어. 화석 연료는 이산화탄소나 메탄 같은 온실가스를 많이 배출하고, 온실가스는 태양이 지구에 보낸 열이 다시 지구 밖으로 빠져나가는 것을 막는 역할을 해. 마치 유리 온실 안이 바깥보다 더운 것처럼 말이지. 게다가 도시가 많이 생기면서 온실가스를 줄이는 역할을 하던 숲들이 사라지고 지구 온난화는 되돌리기 힘들 정도로 빠르게 진행됐어. 지구 온난화의 영향으로 북극과 남극의 빙하가 녹아 평균 해수면이 높아지고, 지대가 낮은 섬이나 바닷가 도시들이 침수될 위기에 처했어.

참고 21. 기후, 71. 자연 재해

아름다운 섬들이 지도에서 사라진다면?

미국이나 중국, 일본처럼 석탄과 석유를 많이 쓰는 큰 나라들은 온실가스도 많이 배출해. 반대로 몰디브, 투발루처럼 공업화되지 않은 작은 나라들은 온실가스를 거의 배출하지 않지. 하지만 지구 온난화의 피해는 작은 나라에 집중돼. 이 같은 문제를 해결하기 위해 각국 정부가 모여 1992년에 지구 온난화 방지를 위해 온실가스 방출을 억제하는 '유엔 기후 변화 협약'을 채택했어. 국가 간에 구체적으로 어떤 실천을 할 것인지 약속한 '교토 의정서'는 1997년에, '파리 협정'은 2015년에 이뤄졌지.

지방
자치제

무슨 뜻일까?

지역 주민들이 스스로 선출한 대표를 통해 그 지역의 일을 처리하는 제도를 지방 자치 제도라고 해. 인구가 5천만 명이나 되는 큰 나라에서 중앙 정부가 모든 일을 처리하기는 어렵고 중앙에 권력이 집중되면 자체적으로 일을 처리하기도 힘들기 때문에, 전국을 지역별로 나눠 그 지역 사람들이 직접 지역 살림을 맡도록 한 것이지.

이렇게 쓰이는 말이야!

현재 우리나라에는 전국적으로 약 300개 가까운 지방 자치 단체가 있어. 기초 자치 단체로는 시·군·구가 있고, 광역 자치 단체로는 특별시·광역시·도가 있지. 지방 자치 단체도 지역 안에서 살림살이를 맡는 지방 행정 기관(시청·도청·구청·군청)과 지역 주민의 뜻을 대표해 하위 법령인 조례·규칙을 만들고 지방 행정 기관을 감시하는 지방 의회(시의회·도의회·구의회·군의회)가 있어.

참고 18. 균형 발전, 59. 예산, 78. 정부, 86. 지역 문제, 88. 직선제

생각해 보요!

지방 자치제가 튼튼하면 중앙 정부도 튼튼하다

　지방 자치제는 민주주의에 없어서는 안 될 존재야. 지역 사회 주민들은 지방 자치 제도를 통해 지역 문제를 스스로 결정하고 실행해 처리하는 경험을 해. 밑바탕에서부터 차근차근 민주주의를 훈련하고 실현할 수 있지. 이러한 경험을 바탕으로 전체 국가를 탄탄하게 운영하는 중앙 정치가 발전해.

지역 문제

무슨 뜻일까?

지역 문제는 지역 주민의 삶을 불편하게 하거나 지역 주민들 사이에 갈등을 일으키는 문제야. 오늘날에는 교통 혼잡, 소음 발생, 쓰레기 처리 등 다양한 지역 문제가 발생하고 있어.

이렇게 쓰이는 말이야!

빠른 속도로 인구가 늘어난 A시는 최근 음식물 쓰레기 처리장을 B동에 설치할 계획을 세웠어. 산이 바로 옆에 있어 인구가 적은 데다, 큰 도로가 있어 쓰레기차들이 쉽게 오갈 수 있기 때문이지. 하지만 B동 주민 수십 명이 날마다 시청 앞에서 '결사 반대'를 외치며 집회를 열었어. 이러한 지역 문제를 해결하기 위해 A시는 지역 주민 대표들이 참여하는 위원회를 만들었어. 수십 차례의 회의 끝에 B동에 처리장을 설치하면서 대신에 도서관과 체육관 등 주민 편의 시설을 만들어 주기로 했어. 지역 문제를 주민 참여로 해결한 거야.

참고 18. 균형 발전, 48. 생활권, 53. 신도시, 81. 중심지, 85. 지방 자치제

지역 문제와 님비 현상

지역 문제를 야기하는 대표적인 예로 님비(NIMBY, Not In My Back Yard) 현상을 들 수 있어. 님비는 '내 뒤뜰엔 안 돼'로 해석돼. 다시 말해 '내 집엔 안 돼'라는 말이지. 지역 전체로는 필요한 시설이지만 '내 집 근처', '우리 동네'에는 안 된다는 이기주의 때문에 생기는 현상이야.

앞의 A시 사례에선 B동 주민들에게 편의 시설을 건설해 주기로 합의했지만, 우리 사회에는 님비 현상 때문에 수십 년째 해결되지 않는 지역 문제도 많아. 원자력 발전소에서 나오는 폐기물을 저장할 시설을 건설할 지역을 찾지 못하고 있는 게 대표적이야. 이미 원자력 발전소 내 임시 저장소는 포화 상태이지만, 후보로 거론되는 지역마다 반대하고 있는 상황이니까.

지진

무슨 뜻일까?

지진(땅 지 地, 움직일 진 震)은 땅이 지구 내부의 힘을 받아 흔들리고 갈라지는 현상을 뜻해. 지진이 발생하면 육지에서는 건물이 파손되고 도로가 갈라지거나 산사태가 일어나. 바다에서는 해일이 발생해 해안가를 덮쳐 피해가 생기지.

이렇게 쓰이는 말이야!

지진이 자주 발생하는 일본과 달리 우리나라는 '지진 안전지대'로 불려 왔어. 하지만 최근 수년간 점점 더 많은 지진이 발생해 한반도 역시 지진 안전지대가 아니라는 평가를 받고 있어. 지진이 얼마나 센지를 0~9의 숫자로 나타내는 것을 '지진 규모'라고 해. 규모 5일 경우 건물 벽에 금이 가는 피해가 발생하는데, 지난 2016년 9월에는 우리나라 지진을 과학적으로 관측한 이래 가장 강력한 규모 5.8의 지진이 경상북도 경주시에서 발생했어. 2017년 11월에는 규모 5.4의 지진이 경상북도 포항 지역에서도 발생했고, 점점 잦아지는 지진에 대비하기 위해 '내진 설계'를 적용한 건물을 늘리고 있어.

참고 71. 자연 재해

땅속 개발로 지진이 일어난다?

과거에는 커다란 드릴로 육지 지하나 바다 밑 땅속에 있는 유전까지 구멍을 뚫어 석유를 생산했어. 사우디아라비아 같은 중동 국가에 이런 유전이 많았지. 이들 국가는 석유 생산량을 일정 수준으로 유지했어. 그러다 보니 석유는 가격이 비쌌어. 하지만 2014년부터 미국이 셰일 가스(Shale Gas)를 본격적으로 생산하면서 전 세계적으로 기름값이 떨어졌어. 셰일 가스는 퇴적암(셰일)에 포함돼 있는 천연 가스나 석유를 뜻해. 가스를 얻기 위해 셰일에 높은 압력의 물을 뿜어 암석을 부수면서 가스나 석유를 분리해 내는 기술이 개발되었지. 2017년 11월 우리나라 포항에 발생한 지진의 원인이 인근에 지열 발전소를 만들면서 땅속까지 관을 뚫어 많은 양의 물을 넣었기 때문이라는 조사 결과도 있었어.

직선제

무슨 뜻일까?

직선제(곧을 직 直, 뽑을 선 選, 만들 제 制)는 국민이 직접 선거를 통하여 대표를 선출하는 제도인 '직접 선거 제도'의 줄임말이야. 간접적으로 대표를 뽑는 간선제의 반대말이지.

이렇게 쓰이는 말이야!

대한민국 정치 역사에서 대통령 직선제는 큰 의미가 있어. 1948년, 남한의 총선거를 통해 최초의 대한민국 국회가 만들어졌어. 처음에는 국회 의원들이 투표를 하는 간접 선거를 통해 이승만 초대 대통령이 뽑혔어. 그 후 이승만 대통령이 직접 선거로 2~3대 대통령으로 뽑혔고, 4.19 혁명 이후 4대 윤보선 대통령은 국회에서 다시 간접 선거로 뽑혔지. 1963년, 박정희 대통령이 직접 선거로 5~7대 대통령이 되었으나 1972년 '유신 헌법'을 만들며 8~9대 대통령을 간선제로 뽑게 됐어. 이후 1987년 6월 민주 항쟁의 결과 헌법이 고쳐지고, 16년 만에 다시 국민이 직접 대통령을 선출하게 됐어.

참고 9. 공화국, 16. 국회, 32. 민주 선거의 기본 원칙, 33. 민주주의, 85. 지방 자치제

독특한 간선제로 뽑는 미국 대통령

미국은 50개의 주(State)가 모인 연방 국가야. 그래서 나라 이름도 미합중국(United States of America)이지. 주의 대표성을 높이다 보니 대통령을 선출하는 방식도 독특해. 우선 모든 미국 국민은 자신이 속한 각 주에서 투표를 통해 대통령 선거인단을 뽑아. 48개 주는 승자독식 방식으로 선거인단을 선출해. A주의 선거인단 100명 가운데 민주당이 51명, 공화당이 49명이면 민주당 후보가 100명의 표를 가져가는 식이지. 메인주와 네브래스카주 2개 주만 주민 득표수에 따라 선거인단을 비례해서 배정하는 비례 배분 방식을 채택해. 전체 유권자의 득표에서는 앞서면서도, 선거인단 수가 적어서 대통령에 선출되지 못한 경우가 미국 역사상 다섯 번 있었어. 지난 2016년 대통령 선거 때도 민주당의 힐러리 클린턴 후보가 공화당의 도널드 트럼프 후보보다 약 286만 표나 앞섰으나, 선거인단 수에서 80명이 적어서 도널드 트럼프 후보가 당선됐어.

집성촌

무슨 뜻일까?

집성촌(모을 집 集, 성 성 姓, 마을 촌 村)은 성이 같은 친족들이 한곳에 모여 사는 마을을 말해. 마을 사람들 대부분이 같은 성을 쓰는 사람들로 이뤄진 동네를 뜻해.

이렇게 쓰이는 말이야!

조선 시대 중기가 시작되는 1600년대 이전까지는 갓 결혼한 남편이 아내의 집에 가서 사는 풍습이 많았어. '장가(어른 장 丈, 집 가 家: 장인·장모가 사는 집)들다'는 말은 이러한 풍습에서 유래한 거야. 율곡 이이(1536~1584)가 어머니인 신사임당의 고향인 강원도 강릉에서 태어나고 자란 까닭이기도 하지. 하지만 조선 중기로 접어들면서 성리학이 지방 곳곳까지 퍼지며 가부장제가 보편화되었어. 그 때문에 아버지 성씨끼리 모여 사는 마을들이 속속 생겨났지. 풍산 류 씨가 모여 사는 안동 하회 마을이나 월성 손 씨와 여강 이 씨가 모여 사는 경주 양동 마을이 대표적인 집성촌이야.

참고 75. 저출산 고령화, 91. 촌수, 92. 출산율, 96. 핵가족

집성촌이 사라진 까닭은?

　수십 년 전만 해도 지방 곳곳에 있던 집성촌을 지금은 찾아보기 힘들어. 남아 있는 집성촌들도 관광지로 변해 간신히 명맥을 잇고 있는 형편이야. 집성촌이 사라진 까닭을 생각해 볼까? 첫째, 산업과 교통의 발달로 많은 젊은이들이 도시로 떠났어. 둘째, 저출산 추세에 따라 핵가족화 되다 보니 모여 살 수 있는 가족 수 자체가 줄었어. 셋째, 가부장제가 사라지고 핵가족이 되다 보니 친족끼리 함께 사는 풍습이 아래 세대로 전달되지 않았지.

90. 차별과 편견

무슨 뜻일까?

차별(틀릴 차 差, 가를 별 別)은 둘 이상의 대상을 각각 등급이나 수준 따위의 차이를 두어서 구별함을 뜻해. 편견(치울칠 편 偏, 볼 견 見)은 공정하지 못하고 한쪽으로 치우친 생각을 말해.

이렇게 쓰이는 말이야!

능력이 비슷한데도 남성과 여성을 구분지어 다른 대우를 하는 성차별이 사회적인 문제가 됐어. 여직원에게만 커피나 차 심부름을 시킨다든지 임신할 경우 회사에서 퇴직하라고 은근히 강요하는 분위기 등이 대표적인 성차별 사례야. 또한 지구촌이라는 말처럼 전 세계 사람들이 자주 만나는 세상이 됐는데도 여전히 문화적인 편견이 존재해. 인도 사람들이 수저를 쓰지 않고 오른손으로 밥을 먹는 모습을 존중하지 못한다거나, 동양인은 대부분 영어를 잘 하지 못한다고 생각하는 것도 그런 경우야.

참고 19. 기본권, 69. 인권, 70. 인종 차별

차이와 차별

올림픽에서 축구나 핸드볼 같은 게임에는 남녀가 한 팀인 경우가 없어. 남자팀 따로, 여자팀 따로 경기를 하지. 육상도 남성과 여성을 구분지어 경기를 해. 근육량, 폐활량 등 남녀의 기본적인 운동 능력 차이가 있기 때문이야. 이를 두고 성차별이라고 하는 사람은 거의 없어. '다름'을 인정하고 공정한 룰을 적용하기 때문이야.

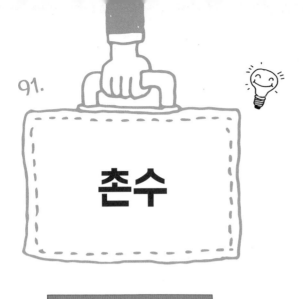

91. 촌수

촌수(마디 촌 寸, 숫자 수 數)는 한 집안 사람 사이에서 멀고 가까움을 나타내기 위해 고안된 체계야.

이렇게 쓰이는 말이야!

촌수는 기본적으로 부모와 자식 사이의 관계를 한 마디, 즉 촌(寸)으로 생각해 계산해. 즉 부모님과 나는 한 마디이기 때문에 '1촌'이야. 나의 형제나 자매는, 부모와 나 사이의 1촌에 부모와 형제·자매 사이의 1촌을 더해 '2촌'이 돼. 1600년대 이후에는 가부장제도 아래 촌수 따지는 방식이 발달했기 때문에 '3촌'부터는 아버지 형제를 중심으로 셈해. 외가일 경우는 촌수에다가 '외'자를 붙이면 되지. 아버지 형제는 '3촌'이 되고(아버지의 누이는 고모), 3촌의 자녀들은 나에게는 4촌이 돼. 외가의 경우는 '외3촌'과 '외4촌'이 되고, 가족 행사 때 보는 삼촌과 사촌까지는 아주 가까운 사이인 셈이지.

참고 75. 저출산 고령화, 89. 집성촌, 92. 출산율, 96. 핵가족

6촌이 누구인지 아니?

'이웃사촌'이란 말은 진짜 사촌들처럼 아주 가까운 이웃을 표현하기 위해 쓰는 말이야. 하지만 '이웃육촌'이란 말은 들어 본 적 없지? 실제 가족 모임에서 육촌을 본 적 있니? 부모님이 어렸을 때는 제사를 지내느라 일 년에 적어도 한 번씩은 육촌들을 볼 수 있었어. 하지만 이제는 부모님들도 장례식이나 결혼식에서만 육촌들을 볼 수 있을 거야. 핵가족화가 빠르게 진행된 결과이지.

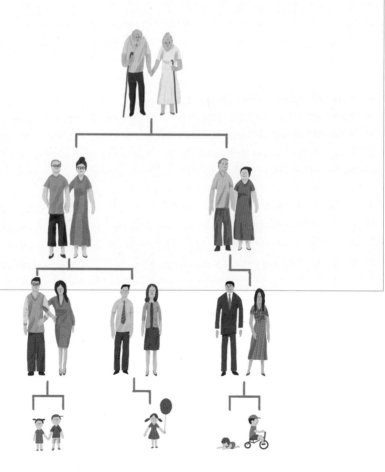

92.

출산율

무슨 뜻일까?

아기를 낳는 비율로, 일정 기간에 태어난 아이가 전체 인구에서 차지하는 비율을 뜻해. 출산율을 나타내는 여러 기준이 있지만, 흔히 쓰이는 것으로 합계 출산율이 있어. 이는 여성 한 명이 임신을 할 수 있는 기간(약 15~49세) 동안 평균적으로 몇 명의 아이를 낳는지를 나타내는 숫자야.

이렇게 쓰이는 말이야!

통계청에 따르면 2018년 우리나라 합계 출산율은 0.98명으로 사상 처음으로 1명대 아래로 떨어졌어. 우리나라의 출산율이 떨어진 데는 여러 이유가 있어. 가장 직접적인 이유는 결혼하는 젊은이들이 줄어서야.

통계청에 따르면 혼인 건수는 2012년 이후 7년 동안 쭉 감소 추세를 보이고 있어. 직장에 들어가기 힘들다는 점(취업난)과 함께 너무 높은 집값을 마련하기 어려운 점, 여성의 경우 결혼 후 아이를 낳을 때 직장을 그만둘 가능성이 높아진다는 점 등의 이유로 결혼을 거부하는 청년들이 늘어나고 있거든.

참고 68. 인구 피라미드, 75. 저출산 고령화, 96. 핵가족

출산율이 하락하면 어떤 일이 벌어질까?

아이가 적게 태어나면 사회 전반에 큰 영향을 미친단다. 예를 들어 군대에서 근무해야 하는 기간(군 복무 기간)도 줄어들지. 전체 군인 수는 유지해야 하는데, 입대하는 성인 남성 수가 줄기 때문이야. 실제 육군의 경우 2003년 24개월이었던 복무기간이 2012년 21개월로 줄었고, 2020년에는 18개월로 단축된단다. 출산율이 줄어들면 15~64세의 '생산 가능 인구'도 감소해. 생산 가능 인구는 한 나라의 경제 활동에서 물건을 만들고(생산), 사서 쓰는(소비) 주된 연령대야. 이 인구가 줄면 경제 전체의 생산과 소비가 위축될 수 있어.

93.

통신 수단

무슨 뜻일까?

통신은 소식을 전하거나 정보나 의사를 전달하는 것을 뜻해. 통신 수단은 각종 형태의 통신을 전하는 데 이용하는 물질적, 기술적 수단을 말하지. 우편, 전신, 전화, 인터넷 등이 대표적인 통신 수단이야.

이렇게 쓰이는 말이야!

우리 부모님들이 어렸을 때에는 편지나 유선 전화를 통해 소식을 전했어. 하지만 1990년대 중반부터 휴대 전화와 인터넷이 보급되기 시작해 문자 메시지와 이메일 등 새로운 통신 수단이 등장했지. 2010년대에는 스마트폰의 확산으로 메신저, 화상 통화 등 그 종류가 훨씬 다양해졌어. 오늘날 통신 수단은 과거에 비해 정보를 실시간으로 빠르게 전달할 수 있고, 많은 양의 정보를 한꺼번에 주고받을 수 있어. 앞으로는 인공 지능(AI) 스피커 같은 기계와 연계해 자동차, 냉장고 등에도 통신 수단이 장착될 것으로 보여.

참고 4. 개인 정보, 12. 교통수단, 41. 사이버 폭력, 77. 정보 사회

생각해 봐요!

통신 수단 발달이 나쁜 점도 있다고?

통신 수단이 다양해지면서 여러 부작용도 발생하고 있어. 우선 개인 정보 유출이 과거보다 쉬워졌고 해킹 등을 통해 주민 등록 번호, 이름, 주소 등을 알아낸 후 범죄를 저지르는 경우가 많아졌어.

또 인터넷상에서 다른 사람을 욕하거나 잘못된 글을 올려 문제가 되기도 해. 심한 경우 타인의 명예를 훼손하는 사이버 폭력으로 이어지기도 해. 사람들이 늘 통신 수단을 사용하다 보니 다른 사람에게 폐를 끼치는 사례도 잦아. 영화를 보다 스마트폰을 켜서 환한 불빛으로 다른 사람의 관람을 방해하거나, 도서관 등에서 휴대 전화 벨소리가 울려 정숙한 분위기를 해치는 것처럼 말이야.

94.

판결

무슨 뜻일까?

법원이 변호하는 말(=변론)을 들은 후 소송 사건에 대하여 판단하고 결정하는 것을 판결(판가름할 판 判, 갈라놓을 결 決)이라고 해.

이렇게 쓰이는 말이야!

재판은 소송의 목적이 되는 사실에 따라 크게 개인과 개인 사이에 벌어진 다툼을 해결하기 위한 민사 재판, 죄를 지은 것 같은 의심이 되는 사람의 유죄와 무죄를 가리는 형사 재판, 국민이 국가가 잘못된 일 처리를 했는지 따져 달라고 요구해 진실을 가리는 행정 재판이 있어.

모든 국민은 헌법과 법률에 정한 법관에 의해 법률에 의한 신속한 공개 재판을 받을 권리가 있어. 우리나라는 삼권 분립 주의에 따라 사법부인 법원이 재판을 해. 다만 어떤 법률이나 국가 기관의 활동이 헌법의 뜻에 맞는지 판단하는 재판은 헌법 재판소에서 하지.

참고 36. 법원, 37. 법의 역할, 98. 헌법, 99. 헌법 재판소

검사와 판사

행정부에 속하는 검사는 형사 재판을 할 때 법정에 서. 검사는 어떤 사건에 대해 꼼꼼히 조사해서 법에 어긋나는지 아닌지를 따지는 일을 해. 죄를 지은 의심이 되는 사람이 법을 어겼다는 판단이 들면 여러 가지 증거를 모아서 처벌해 달라며 재판에 넘기지.

형사 재판에서 판사는 법정에서 죄를 지은 것으로 의심되는 사람을 변론해 주는 변호사와 검사가 벌이는 논쟁을 들은 후 법적 근거에 따라 판결을 내리지.

95.

표준시

무슨 뜻일까?

각 나라나 각 지역에서 표준이 되는 시각을 표준시라고 해. 보통 태양이 머리 바로 위에 있을 때를 낮 12시로 정해 사용해.

이렇게 쓰이는 말이야!

태양이 머리 위에 오는 시각은 지역마다 모두 달라. 따라서 각 나라마다 표준시를 정해서 시간을 통일해. 특히 러시아처럼 영토가 동서로 넓게 펼쳐져 있는 나라는 동쪽은 낮이지만 서쪽은 아직 밤인 경우가 생겨. 러시아에서는 이런 불편을 줄이기 위해 무려 열한 개의 표준시를 사용해. 동쪽 끝과 서쪽 끝의 시간 차이가 열 시간이나 되지. 미국도 표준시가 네 개나 돼. 중국은 특이하게도 베이징 표준시 한 개만을 사용해. 서쪽 끝에서는 12시가 아침 먹는 시간이 되는 셈이지. 우리의 표준시 경선은 동경 135도를 중심으로 일본과 같아.

참고 54. 아메리카, 55. 아시아, 56. 아프리카, 60. 5대양 6대륙, 63. 유럽

3년 동안 남북한 시간이 달랐다고?

지난 2015년 8월 15일, 북한은 광복 70주년을 맞아 일제 잔재를 청산한다는 목적으로 표준시를 30분 늦췄어. 이전까지 남북한은 모두 일본처럼 동경 135도를 기준으로 하는 표준시를 사용했어. 즉, 남북한과 일본의 시간이 같은 셈이었지. 남북한 시간 차이가 30분 달라지다 보니 불편한 점도 많아졌어. 남한과 북한 정부 당국자가 12시에 만나자고 약속하면 남한 시간 12시인지, 북한 시간 12시인지 꼭 확인을 해야 했지. 그러나 북한은 2018년 5월 5일부터 남한보다 30분 늦었던 평양 시간을 수정해 남한의 표준시와 똑같이 맞췄어. 남북한 교류가 많아질 때를 대비한 것으로 보여.

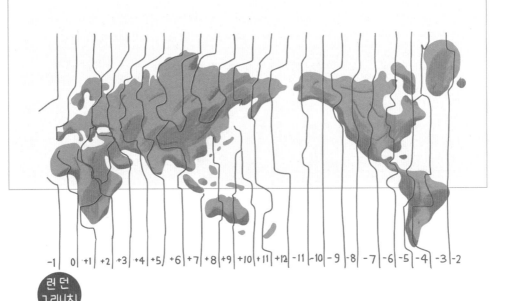

핵가족

96.

무슨 뜻일까?

핵가족(Nuclear Family, 核家族)은 결혼으로 맺어진 부부와 자녀로 구성된 가족이야. 미국과 영국 등에서 핵은 물질의 가장 기초적인 단위로 여겨졌기 때문에, 1947년부터 소가족이나 부부 가족 등의 표현 대신 사용되기 시작했어.

이렇게 쓰이는 말이야!

핵가족은 점점 늘어나고 있어. 부모와 함께 살던 자녀들이 취직을 하거나 결혼을 하면 대부분 독립하여 가정을 꾸리기 때문이지. 지방에서 나이 든 부모님을 모시던 30, 40대 부부도 어린 자녀들에게 조금 더 나은 교육 환경을 만들어 주려고 대도시로 이주하는 경우도 많아. 이와 반대로 젊은 부부가 부모님과 함께 살기를 원해도 부모님이 거절하는 경우도 많아졌어. 부모님이 복잡한 도시 생활보다 공기 맑고 경치 좋은 시골에서 생활하기를 원하기 때문이지. 사람들과 복잡한 관계를 맺기보다 가족끼리 살며 개개인의 삶을 중요시하는 사람도 많아졌어.

참고 68. 인구 피라미드, 75. 저출산 고령화, 89. 집성촌, 91. 촌수, 92. 출산율

다양해진 가족의 모습

우리나라 국민 9명 가운데 1명은 혼자 살아(=1인 가구). 전체 가구 가운데 1인 가구의 비중은 점점 늘어, 이제는 가장 흔한 가구 형태가 됐어. 결혼을 안 하고 혼자 지내는 '싱글족'도 많지만, 자녀들이 결혼으로 떠난 후 배우자도 하늘나라로 가서 혼자 사는 '빈 둥지 노인'도 많아졌어. 의도적으로 자녀를 낳지 않고 사는 맞벌이 부부인 '딩크(DINK, Double Income No Kids)족'도 주변에서 흔히 볼 수 있지. 또한, 직장과 교육 등의 이유로 부모 가운데 한쪽만 자녀와 사는 '기러기 가족'도 많아졌어.

97.

행정 구역

무슨 뜻일까?

행정 구역은 나라를 효율적으로 관리하려고 나눈 지역을 뜻해. 우리나라에는 특별시 1곳(서울특별시), 특별자치시 1곳(세종특별자치시), 광역시 6곳(인천광역시, 대전광역시, 대구광역시, 광주광역시, 울산광역시, 부산광역시), 도 8곳(경기도, 강원도, 충청남도, 충청북도, 전라남도, 전라북도, 경상남도, 경상북도), 특별자치도 1곳(제주특별자치도)이 있어.

이렇게 쓰이는 말이야!

우리나라의 행정 구역은 조선 시대 초기에 정한 행정 구역에서 비롯됐어. 당시에는 전국을 8개의 도로 나누었어. 각 도의 이름은 도 내에 있는 주요 도시 2곳의 이름을 따 지었어. 함경도는 함흥과 경성, 평안도는 평양과 안주, 황해도는 황주와 해주, 강원도는 강릉과 원주, 충청도는 충주와 청주, 경상도는 경주와 상주, 전라도는 전주와 나주의 앞 글자를 따 지은 이름이지.

참고 26. 도시 분포, 51. 수도권, 58. 영호남

동사무소의 역할

"아빠 우리 집은 대치1동에 있어, 대치2동에 있어?"

"글쎄, 대치동은 맞는데……."

불과 20년 전만 해도 동에 숫자를 붙인 동 구분은 모두가 알고 있었어. 주민등록등본 같은 증명 서류를 떼야 해서 동사무소(지금의 주민센터)에 갈 일이 많았기 때문이지. 하지만 정부 공식 서류들을 대부분 인터넷에서 발급받을 수 있게 된 요즘은 동사무소에 갈 일이 극히 적어. 자연스레 동사무소가 할 일도 줄었고, 일도 많이 바뀌었지.

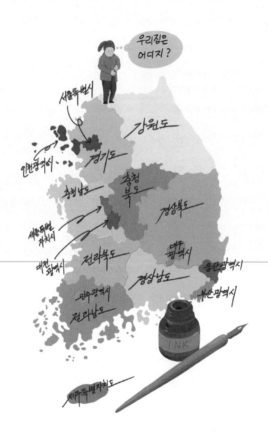

98.

헌법

무슨 뜻일까?

헌법(법 헌 憲, 법 법 法)은 법 중에서 가장 기본이 되는 법이야. 국가의 운영과 국민의 기본적인 권리 및 의무 등 가장 중요한 사항을 담고 있지. 헌법을 바탕으로 여러 법을 만들고, 그 법들은 헌법에 어긋나서는 안 돼. 법의 단계 즉, 헌법-법률-명령-조례·규칙 중에서 가장 높은 법이야.

이렇게 쓰이는 말이야!

1948년 7월 17일 대한민국 헌법이 제정(처음 만들어짐)된 이후 9차례 개정(고쳐서 만들어짐)됐어. '6공화국 헌법'이라고도 불리는 지금의 헌법은 1987년 10월 29일에 공포(국민에게 널리 알림)됐어. 헌법에는 우리나라가 어떤 국가인지를 규정하고, 모든 국민이 존중받고 행복한 삶을 살아가는 데 필요한 내용을 담고 있어. 또 대한민국 국민이라면 누구나 누려야 할 권리인 기본권과 함께 반드시 지켜야 할 의무들을 규정하고 있어.

참고 13. 국민의 의무, 17. 권리와 의무의 충돌, 19. 기본권, 99. 헌법 재판소

헌법과 국민 투표

헌법–법률–명령–조례·규칙의 법체계 가운데 법률은 국회가, 명령은 행정부가, 조례·규칙은 지방 자치 단체나 지방 의회가 만들어.

유독 헌법은 국회 또는 대통령이 제안한 안을 국민 투표를 거쳐 확정하도록 하고 있어. 현재의 헌법은 '국회 의원 선거권자 과반수의 투표와 투표자 과반수의 찬성을 얻어야 하고, 위의 찬성을 얻은 때에 헌법 개정안은 확정되며, 대통령은 즉시 이를 공포하여야 한다(제130조)'고 규정하고 있어. 헌법 개정 때 국민 투표를 하는 이유는 크게 두 가지야. 우선, 국가를 운영하는 데 가장 기본이 되는 법이기 때문이지. 또 헌법이 국민의 자유와 권리를 보장하므로, 국가의 주인인 국민이 헌법의 내용을 잘 살피도록 하기 위해서야.

1조 대한민국은 민주공화국이다.

99. 헌법 재판소

무슨 뜻일까?

법이 헌법에 어긋나는지, 국가 권력이 국민의 권리를 침해하는 지 등을 심판하는 곳을 헌법 재판소라고 해. 헌법 재판에서 법이 헌법에 맞지 않는다고 결정하거나, 국민의 권리를 침해한다고 결정하면 그 법은 효력을 잃어.

이렇게 쓰이는 말이야!

대한민국 헌법은 111조에서 헌법 재판소가 무슨 일을 하는 곳인지 규정하고 있어. 우선 법원이 '이 법이 헌법에 위배되는지 판단해 달라고 신청하면 그 법의 위헌 여부를 심판해. 또 대통령이나 장관 등이 큰 잘못을 저질러 국회에서 파면을 요구할 경우 탄핵 여부를 심판해. 어떤 정당이 헌법 질서를 어지럽혔다고 정부가 판단해 정당 해산 심판을 요구하면 그 결정을 하는 일도 해. 국가 기관과 국가 기관, 국가 기관과 지방 자치 단체, 지방 자치 단체와 지방 자치 단체 사이에 다툼이 생길 때도 심판을 하지.

참고 13. 국민의 의무, 17. 권리와 의무의 충돌, 19. 기본권, 98. 헌법

호주제와 헌법 재판

　헌법 재판소는 우리나라의 사회적인 변화를 가져오는 중요한 심판을 해. 호주제 헌법 불합치(헌법에 맞지 않는다는 뜻) 결정도 그중 하나인데, 일제 강점기부터 내려온 호주제는 가족 구성원의 순위를 정하는 제도였어. 가끔 어른들이 화가 났을 때 '호적에서 파 버린다'고 말하는데, 그 호적에서 으뜸이 되는 사람이 호주야. 문제는 호주제가 지나치게 남성 위주 제도였다는 데 있었지. 예를 들어 여성의 경우 결혼 전에는 아버지가 호주인 호적에, 결혼 후에는 남편이 호주인 호적에, 남편이 사망하면 아들이 호주인 호적에 올라가야 했어.

　헌법 재판소는 2005년에 반인권적 성격 등을 들어 헌법 불합치 결정을 했고, 이후 호주제는 가족 관계 등록부 제도로 바뀌었어.

100.

황사

무슨 뜻일까?

황사(누를 황 黃, 모래 사 沙)는 중국이나 몽골의 사막에서 발생한 아주 작은 모래 먼지가 강한 바람에 의해 하늘 높이 떠오르고 결국 우리나라까지 날아와서 공기 중으로 퍼지거나 땅으로 가라앉는 현상을 뜻해.

이렇게 쓰이는 말이야!

황사는 미세 먼지와 달리 자연 재해로 분류돼. 우리 조상들도 오래전부터 황사를 겪었어. 가장 오랜 기록인《삼국사기》를 보면 신라 아달라왕 21년(서기 174년) '음력 1월의 우토(雨土, 흙비)'라는 표현이 나와. 황사라는 단어는 1950년대부터 사용하기 시작한 것으로 알려져 있어. 중국에서도 황사라고 표현해. 황사가 일본까지 날아가기 때문에 일본에도 '코사'라는 표현이 있지. 국제적으로는 아시안 먼지(Asian Dust)라고 불러.

참고 3. 강수량, 20. 기상특보, 21. 기후, 71. 자연 재해

생각해 보요!

황사를 줄이기 위한 국제 협력

황사는 중국과 몽골에 걸쳐 있는 고비 사막, 중국 서부 내륙에 있는 타클라마칸 사막 그리고 몽골 고원 지대의 메마른 땅에서 시작돼. 특히 몽골의 경우 유목민들이 양과 말을 방목하며 키우면서 식물이 사라져 사막화가 빨리 진행되고 있어. 황사를 막으려면 그곳에 풀과 나무가 자라게 해야 해. 다만 사막 지대는 연간 30㎜ 이하의 비가 내리기 때문에 풀과 나무가 자라기 힘들어. 몽골 고원 지대나 중국-몽골 접경 지역의 초원 지대는 그나마 연간 강수량이 400㎜ 정도 되기 때문에 풀과 나무가 자랄 수 있지. 우리나라 정부는 이미 1990년대 후반부터 중국 정부와 협력해 이 지역에 나무를 심는 '산림 협력'을 진행하고 있단다.

사회탐구 점프 2

이해력이 쑥쑥
교과서
사회·경제 용어
100

초판 1쇄 발행 2019년 7월 12일
초판 2쇄 발행 2020년 12월 21일

글쓴이 조시영
그린이 이경국
펴낸이 김옥희
펴낸곳 아주좋은날
편집   이지수
디자인 안은정
마케팅 양창우, 김혜경

출판등록 2004년 8월 5일 제16－3393호
주소 서울시 강남구 테헤란로 201, 501호
전화 (02) 557－2031
팩스 (02) 557－2032
홈페이지 www.appletreetales.com
블로그 http://blog.naver.com/appletales
페이스북 https://www.facebook.com/appletales
트위터 https://twitter.com/appletales1
인스타그램 appletreetales

ISBN 979-11-87743-70-5 (64910)
ISBN 979-11-87743-47-7 (세트)

아주좋은날 은 애플트리태일즈의 실용··아동 전문 브랜드입니다.

┌─ 어린이제품 안전특별법에 의한 기타 표시사항 ─┐
품명 : 도서 | 제조 연월 : 2020년 12월 | 제조자명 : 애플트리태일즈 | 제조국 : 대한민국
사용연령 : 8세 이상 | 주소 : 서울시 강남구 테헤란로 201, 5층(02-557-2031)